AF526978

दिव्य विरासत

डागर व ध्रुपद

दिव्य विरासत

डागर व ध्रुपद

हुमरा क़ुरैशी

अनुवाद

अदिति सिमलई तिवारी

नियोगी बुक्स

An imprint of Niyogi Books

प्रकाशक

नियोगी बुक्स

ब्लॉक-डी, बिल्डिंग नं. 77
ओखला औद्योगिक क्षेत्र, फेज़-1
नई दिल्ली-110020, भारत
दूरभाष: 91-11-26816301, 26818960
ईमेल: niyogibooks@gmail.com
www.niyogibooksindia.com

मूलग्रंथ ©: हुमरा क़ुरैशी
अनुवाद ©: नियोगी बुक्स

डिज़ाइनः शशि भूषण प्रसाद

ISBN: 978-93-86906-72-4
प्रकाशन वर्षः 2019

सर्वाधिकार सुरक्षित। प्रकाशक की लिखित पूर्व अनुमति के बिना इस पुस्तिका का पुनर्मुद्रण, चाहे वह फोटोकॉपी हो या रिकॉर्डिंग, किसी भी रूप में इसमें छपी जानकारी का पुनः उपयोग वर्जित है।

मुद्रकः नियोगी ऑफसेट प्राईवेट लिमिटेड, नई दिल्ली, भारत

मैं यह पुस्तक बेगम महमूदा
डागर को समर्पित करती हूँ।

विषय-सूची

प्राक्कथन

जब हुमरा क़ुरैशी ने मुझसे कहा कि मैं 'डागर घराने और भारत में ध्रुपद संगीत संस्कृति में उनके योगदान' पर इस किताब के लिए कुछ शब्द लिखूं, तो मैं तुरंत ही राजी हो गया। मुझे अनुमान था कि मुझे इस विषय पर थोड़ी जानकारी है। लेकिन मुझे वास्तविक समस्या का अंदाजा तब लगा जब मुझे आभास हुआ कि यह विषय न केवल बहुत विशाल व जटिल था, बल्कि भारत की सबसे प्राचीनतम परम्पराओं के 'सबसे पुराने व अग्रणी कुल' के बारे में तथ्यों और काल्पनिक बातों में अंतर करना भी बहुत ही मुश्किल था। और जब दिन भर दफ़्तर की तमाम परेशानियों को झेलने के बाद जब कभी मैं इस मजेदार काम को करने का प्रयास करता, तब मेरे सामने अपने थके हुए दिमाग में विचारों की कड़ी को बांधे रखने में बहुत मुश्किल होती थी। मैं हुमरा जी की दाद देता हूँ कि उन्होंने न केवल इतना मोहक विषय चुना, बल्कि तब तक हार नहीं मानी जब तक मैंने यह श्रद्धांजलि लिख न दी। डागर परिवार द्वारा सदियों से विकसित ध्रुपद परम्परा का सन्दर्भ और इस वसीयत को आगे बढ़ाने में प्रतिभाशाली वसीफुद्दीन की भूमिका के बारे में लिखने का काम मुझे सौंपा गया।

हिन्दुस्तानी शास्त्रीय संगीत के छात्र व कद्रदान इस अतुलनीय परम्परा की कुछ महान हस्तियों को उतने ही अनुराग व श्रद्धा से अहमियत देते हैं जितना कि इस परम्परा में अलौकिक सुरों व गायिकी की रचना की जाती है। इस गहन व सात्विक संगीत के मूल में दैविक शक्तियों के साथ एक होने की उत्कंठा ही है। इसी कारण से कई सूफी संत, वैष्णव जन व अन्य श्रद्धालु सदियों से भारतीय शास्त्रीय संगीत को विकसित करते आए हैं। इन महान हस्तियों में से कुछ प्रसिद्ध नाम हैं- अमीर खुसरो, भक्ति रचयिता जैसे कबीर, नानक व मीराबाई व अकबर की नवरत्न सभा के सर्वश्रेष्ठ रत्न मियां तानसेन। इसके अलावा मोहम्मद शाह के दरबार में सदारंग और अवध के वाजिद अली शाह, विष्णु दिगंबर पलुस्कर और विष्णु नारायण भातखंडे भी सूची में शामिल हैं। लेकिन यदि ध्रुपद की बात की जाए, तो भारतीय शास्त्रीय

सामने का पृष्ठ:
बाएँ से दाएँ: मोइनुद्दीन संगीत आश्रम द्वारा आयोजित डागर सप्तक ध्रुपद महोत्सव के अवसर पर संगमरमर महल, कोलकाता में फरीदुद्दीन, ज़हीरुद्दीन, फ़हीमुद्दीन, अमीनुद्दीन, मोहिउद्दीन, फैयाज़ुद्दीन और सईदुद्दीन, कोलकाता, 1983

संगीत में सर्वाधिक योगदान के लिए पंद्रहवीं शताब्दी में ग्वालियर के राजा मानसिंह तोमर का नाम सबसे जाना-माना है। ध्रुपद के विकास के क्रम में संस्कृत से वर्तमान आम बोलचाल की भाषा हिंदी में रूपांतरण का श्रेय राजा मानसिंह तोमर को ही जाता है। यहाँ यह कहना बेमायने नहीं होगा कि ध्रुपद के माध्यम से ही आम हिंदू श्रद्धालु उत्तर भारतीय शास्त्रीय संगीत के समीप आ सके, जो कि मुसलमान शासकों के राजदरबार में ही ज्यादा प्रचलित था। मुसलमान शासकों ने अपनी हिंदू प्रजा को प्रभावित करने व उनके साथ सम्बन्ध स्थापित करने के लिए बहुधा संगीत का सहारा लिया। और क्यों न हो, जब यमुना-देहली-मथुरा-आगरा क्षेत्र की उनकी बोली में इन गीतों के माध्यम से ही उनके आराध्यों का गुणगान जो किया जाता था।

यहाँ विवादास्पद मुद्दा यह है कि भारतीय शास्त्रीय संगीत धर्म से अविच्छेद्य रूप से गुंथा हुआ है और अगर हम पीछे देखें, तो हम साम-ऋग्वैदिक काल के समय से ही गुणगान करने की परम्परा में इसका स्त्रोत पायेंगे। इसके बाद इसका मूल दोनों वेदांगों में, अर्थात सही उच्चारण या जप के लिए *शिक्षा* और छंद के लिए छंदशास्त्र में पायेंगे। रामायण में संगीत पर महत्व नारद की प्रतिभा पर हर्षातिरेक के रूप में प्रतिबिंबित है और यहाँ तक कि रावण की एक महान संगीतकार के रूप में स्तुति की गई है। पर चलिए हम बीच की सदियों, *नाट्य शास्त्र, दत्तिलम* पाठ, कालिदास की टिप्पणियों और बारहवीं सदी का निबंध, *संगीत मकरंद* को छोड़ दें और अगली सदी में शारंग-देव की *संगीत रत्नाकर* की बात करें। हमें यहाँ पर तुरुश्का (तुर्की) जैसे *तोड़ी* में इस्लामिक प्रभाव का पूर्व प्रमाण मिलता है। इसी समय से दक्कान में कर्णाटक संगीत परम्परा में हिंदू भक्ति संगीत के शोधन पर ध्यान केंद्रित होना शुरू हुआ, जबकि हिन्दुस्तानी शास्त्रीय संगीत में देशीय परम्पराओं को पारसी परम्पराओं जैसे *मुसिकी-ए-असिल* के साथ संश्लेषण की प्रक्रिया का मिश्रण मिलता है। इस बड़े उपमहाद्वीप के उत्तरी भाग की कई जीवंत लोक शैलियों का भी इसमें समावेशन हुआ।

इस समन्वयवादी कार्य में, ध्रुपद या *ध्रुव-पद* हिंदू आस्था का स्तंभ है जिसमें, ईश्वर तक पहुँचने के लिए भव्य धार्मिक संगीत जैसे *प्रबंध* और भक्ति गीत, सूफी गीतों के साथ-साथ गाये गए। जैसा कि सुश्री क़ुरैशी ने इस किताब में प्रस्तुत किया है, ध्रुपद हिन्दुस्तानी शैलियों में शुद्धतम और सबसे पुराना रूप माना जाता है। वह प्रतिध्वनि जो गायक की अंतरात्मा से निकल कर उसके सम्पूर्ण अस्तित्व को आच्छादित कर देती है, यह न केवल बरसों के अभ्यास और नाद योग में दक्षता को दर्शाती है, बल्कि ईश्वर के आशीष के लिए याचना से भी परिपूर्ण है।

ॐ *अनन्ता तम तारण तारिणी त्वं, हरि ॐ नारायण, अनंता हरि ॐ नारायण*-ध्रुपद गीत प्राय: इसी मंत्र के *आलाप* के साथ शुरू होते हैं, जिससे इसमें कोई संदेह

नहीं रह जाता कि मुख्य रूप से और गौण रूप से भी इनकी विषयवस्तु भक्ति ही है। एक नौसिखिया के मन में यही प्रश्न उठता है कि मुस्लिम सम्प्रदाय से डागर परिवार कैसे बरसों पुराने हिंदू धार्मिक संगीत का संरक्षक रहा है और वह भी सदियों से? यहाँ हुमरा जी पता लगाती हैं कि इसकी वंशावली बेहद लोकप्रिय संस्कृत के बोलों से लेकर आम जनता की ब्रजभाषा तक पाई जाती है। अबुल फजल ने कुछ नैदानिक तरीके से ध्रुपद छंद के बारे में *आइन-ए-अकबरी* में लिखा है 'अपरिमित छंद:शास्त्रीय लम्बाई वाली चार छंद पंक्तियाँ'। इसमें कोई शक नहीं है कि इस शैली की प्राचीनता चाहे जो भी हो, हमारा भी पंडित रवि शंकर की तरह यही मानना है कि यह पंद्रहवीं सदी में ही *प्रबंध* के एवज में पनपा। और शीघ्र ही मुग़ल दरबार का एक अटूट हिस्सा बन गया।

इसकी वंशावली की शुरुआत एक ब्राह्मण गिरधर नाथ पाण्डेय से होती है, जो कि इसके प्रतिष्ठापक माने जाते हैं। ऐसा मानना है कि वह मुग़ल दरबार के संस्थापक बाबर के समकालीन थे। उनके पौत्र गदाधर और ज्ञानधर, अकबर के समकालीन थे और खान डागर, अर्थात मस्मद अली और सुर्ज्ञान के रूप में उनका उल्लेख मिलता है। डेढ़ सदी तक इधर-उधर फिरने के बाद बाबा गोपाल दास का या बाबा इमाम बक्श खान डागर का उल्लेख मिलता है, जो कि इस वंश के संस्थापक माने जाते हैं।

शेष रुचिवर्धक बातों को हम सुश्री क़ुरैशी के विस्तृत लेख के लिए छोड़ देते हैं और अपना ध्यान तत्कालीन दो डागर बंधुओं पर केंद्रित करते हैं जिन्होंने इस परम्परा को, जो कि करीब दो सदियों तक ज्यादा सहज और रचनात्मक *ख़याल* के सामने फीकी पड़ गई थी, दोबारा जागृत किया। इस 'वरिष्ठ जोड़ी' में उस्ताद नसीरुद्दीन के बड़े बेटे थे, जो कि तुकोजी राव होल्कर के दरबार में गायक थे, नासिर मोइनुद्दीन और नासिर अमीनुद्दीन। 1950 के दशक में अपनी बेजोड़ *जुगलबंदियों* और नृत्य कार्यक्रमों और श्रीराम भारतीय कला केन्द्र के प्रतिष्ठित बैले के लिए संगीत रचनाओं से उन्होंने राष्ट्रीय पहचान बनाई। इसी समय एलन दैनियलू ने उनकी 'खोज' की और ध्रुपद को हिन्दुस्तान के वास्तविक संगीत के रूप में यूरोप और अन्य पश्चिमी श्रोताओं के सामने प्रस्तुत किया। जैसा कि कई लोगों को ज्ञात है, इस फ्रेंच इतिहासकार, संगीतज्ञ और भारतविद को भारत से प्रेम हो गया था और वह टैगोर की विश्व भारती, बनारस हिंदू विश्वविद्यालय के भारतीय संगीत कॉलेज और चेन्नई में आदयार पुस्तकालय व शोध संस्थान के साथ संबद्ध रहे थे। यूनेस्को में, जहाँ वे अंतर्राष्ट्रीय संगीत परिषद के सलाहकार थे, उनके अथक प्रयासों की वजह से ध्रुपद को मान्यता और संरक्षण मिला, जिससे कि इसके कई रिकॉर्डिंग और कार्यक्रम हुए।

मेरा यह निजी विश्वास है कि केवल दो दशकों, 1950 और 1960 में, पहले कई दशकों या यहाँ तक कि सदियों की अपेक्षा, भारतीय शास्त्रीय संगीत और

नृत्य ज्यादा लोकप्रिय हुए। इस सदी के आरम्भ में टैगोर, पलुस्कर, भातखंडे जैसी महान हस्तियों द्वारा डाले गाये बीज, इन दशकों में फलीभूत हुए। पंडित नेहरु ने साहित्य, ललित कलाओं और नृत्य, ड्रामा एवं संगीत के लिए राष्ट्रीय अकादमियों की संस्थापना में व्यक्तिगत रुचि दिखाई। यहाँ तक कि उन्होंने साहित्य अकादमी का नेतृत्व किया, जबकि उनकी पुत्री इंदिरा गांधी ने 1965 से संगीत नाटक अकादमी की अध्यक्षता की। पंडित जी के शिक्षा और संस्कृति के योग्य मंत्री, मौलाना आज़ाद ने सुनिश्चित किया कि सभी शास्त्रीय विधाओं को न्याय मिले, क्योंकि वे सदियों की सांस्कृतिक समन्वयता के द्योतक थीं और सम्प्रदायवाद के कारण देश को तोड़ने वालों के लिए सही प्रत्युत्तर थीं। नेहरु के मंत्रिमंडल में सूचना मंत्री, बी.वी. केसकर *शास्त्रीय संगीत* और *नृत्यकला* के लिए उत्साही थे, और उन्होंने बहुत-सी पुरानी, लुप्त होती प्रथाओं की फिर से खोज की और उन्हें पुनर्जीवित किया। साथ ही उन्होंने बाकी लोगों को भी प्रोत्साहित किया कि वे अपने पारंपरिक परिवेश से निकलकर आधुनिक रंगमंच पर बाहर आयें। इस तरह, जैसे-जैसे राजसी संरक्षकों का धन व शक्ति खत्म हुई, सरकार कलाओं की संरक्षक बनी।

यहाँ तक कि, अपने पूर्वाग्रहों को स्पष्ट करने के लिए, केसकर ने आकाशवाणी में लोकप्रिय हिंदी फिल्म संगीत भी निषेध कर दिया, ताकि शास्त्रीय संस्कृति मंदिरों के *नाट्य-मंडपों* और *हवेली-कोठी* नृत्य केन्द्रों से बाहर आकर आम जनता तक पहुंचे और देशवासियों के साथ उनका भावनात्मक सम्बन्ध जुड़े। यह एक अलग मुद्दा है कि इससे इन कला विधियों का 'स्वच्छीकरण' हुआ व भरतनाट्यम जैसी कलाओं के ब्राह्मणिक अधिग्रहण से पारंपरिक *देवदासी* मंदिर नर्तकियों से सम्बंधित 'बदनामी' भी खत्म हुई। इन दो दशकों में अन्य कई नृत्य व ड्रामा शैलियों को नया जीवन व नई पहचान मिली। शास्त्रीय संगीत ने भी, न केवल नृत्य प्रस्तुतियों की संगति के तौर पर ही, बल्कि एक स्वतन्त्र भाव के रूप में भी, सर्वोच्च स्थान प्राप्त किया। आकाशवाणी के संगीत सम्मेलनों व प्रतिष्ठित जमघटों में शास्त्रीय संगीत का, ज्वालामुखी के विस्फोट की तरह लोकतंत्रीकरण हुआ। डागर बंधु ऑल इंडिया रेडियो के सर्वोत्तम कलाकार तो थे ही, अन्य ध्रुपद विद्यालयों जैसे दरभंगा को भी समर्थन मिला। साथ ही कई गायकों व *पखावज* वादकों को भी सहारा मिला।

इस सन्दर्भ में यह याद रखना जरूरी है कि 'वरिष्ठ' डागर बंधुओं ने जो राष्ट्रीय और अंतर्राष्ट्रीय ख्याति प्राप्त की, उसे पाने के लिए उनके पिता या चाचा, रहीमुद्दीन या जयपुर के रियाजुद्दीन या उदयपुर के जियाउद्दीन कभी सपने में भी नहीं सोच सकते थे। इस जोड़ी का प्रभाव अगाध था और उनके कई शिष्यों ने इस प्राचीन संगीतमय परम्परा के उत्थान व पुनर्निर्माण में बहुत योगदान दिया। उनके शिष्यों में उनके दो छोटे

भाई भी शामिल थे, जिन्हें 'जूनियर' डागर बंधुओं के नाम से जाना जाता है- नासिर ज़हीरुद्दीन और नासिर फैयाज़ुद्दीन, जिन्होंने भी ध्रुपद के वर्चस्व को बनाये रखा। मोइनुद्दीन के निधन के बाद उन्होंने डागर *खानदान* का बीड़ा उठाया और भारतीय और विदेशी श्रोताओं को मंत्रमुग्ध किए रखा। इस 'जूनियर' जोड़ी ने इस भक्ति संगीत से नए श्रोताओं को अवगत करने के लिए ध्रुपद का दुनिया के कोने-कोने में विस्तार किया और अपने कार्य को पूर्ण करने के लिए ध्रुपद सोसायटी का गठन किया। 1980 के दशक के शुरू में ली गई एक दुर्लभ फोटो, जिसमें ज़कीरुद्दीन खान और अल्लाहबंदे खान के आठ में से सात प्रतिभाशाली पोते एक साथ बजा रहे हैं, मुझे बहुत प्रिय है: वह क्या नजारा था और क्या स्वर-माधुर्य! उस फोटो में थे जिया फरीदुद्दीन, नासिर ज़हीरुद्दीन, रहीम फहीमुद्दीन, नासिर अमीनुद्दीन, जिया मोहिउद्दीन, नासिर फैयाज़ुद्दीन और हुसैन सईदुद्दीन: प्रत्येक के पास अपना *तानपुरा* था। इस पीढ़ी का सबसे बड़ा भाई, नासिर मोइनुद्दीन, का 1966 में उनके पेशे के शीर्ष पर देहांत हो गया था।

बहुत जल्द ही यह स्पष्ट हो गया कि फैयाज़ुद्दीन के बेटे वसीफुद्दीन को इस अटूट वंश का पथप्रदर्शक बनना होगा और सुश्री क़ुरैशी की यह किताब इसी पर केंद्रित है। शेष मैं हुमरा जी और उनकी कथा, जो कि बहुत ही सावधानी से लिखी गई है, पर छोड़ता हूँ। वरिष्ठ सांस्कृतिक व्यक्तित्वों को पुरस्कार, सम्मान, जीवनियाँ व डॉक्यूमेंट्री आदि बहुत आम बात हैं, लेकिन तब तक वे अपने शीर्ष पर पहुँच चुके होते हैं। मेरा विश्वास है कि उस्ताद फैयाज़ वसीफुद्दीन डागर के अभी बहुत वर्ष शेष हैं, जबकि उन्होंने अपनी पहचान 1989 से ही बना ली थी जब वे अपने प्रसिद्ध ताया और गुरु, उस्ताद नासिर ज़हीरुद्दीन के साथ कार्यक्रमों में भाग लेते थे। ताया-भतीजे की इस जोड़ी ने दुनिया भर में श्रोताओं का मन मोह लिया और एक फ्रेंच टेलीविज़न कंपनी ने उन पर एक फिल्म भी बनाई। 1994 में ज़हीर साहिब की मृत्यु के बाद से वासिफ अकेले ही इस परम्परा को जारी रखे हुए हैं, और अन्य डागर शिष्यों जैसे बनारस के ऋत्विक सान्याल के साथ *डागरवाणी* परम्परा में उत्तरोत्तर सुधार भी कर रहे हैं। मुझे यकीन है कि सर्वश्रेष्ठ होना अभी बाकी है। इसीलिए सुश्री क़ुरैशी का इस स्तर पर इसकी जिम्मेदारी लेना काबिले-तारीफ है।

हुमरा जी को मैं अपने सांस्कृतिक सचिव और प्रसार भारती के दिनों से जानता हूँ, जब वह टेलीविज़न के लिए स्वास्थ्य सम्बन्धी विषयों पर काम कर रही थीं। मैं उनकी 'स्वतंत्र पत्रकारिता' की बहुमुखी प्रतिभा व ऊर्जा से बहुत प्रभावित हूँ। इसकी पहुँच काश्मीर, जिसमें उन्होंने विशिष्टता हासिल की है, से लेकर खुशवंत सिंह तक है- आपने दोनों ही विषयों पर पुस्तकें लिखी हैं। निश्चित रूप से हुमरा जी के वासिफ के पिता फैयाज़ साहिब और ताया ज़हीरुद्दीन को जानने के फलस्वरूप हमें बहुत-सी रोचक कहानियाँ पढ़ने को मिलेंगी।

जवाहर सरकार

प्रस्तावना

मैंने सबसे पहला ध्रुपद संगीत कार्यक्रम 1980 के दशक के मध्य में क़तर से भारत में तत्कालीन दूत, डॉ. हसन अल-निमा के घर में सुना था। उस दिन परिवेश बहुत उत्तम था। दोनों डागर बंधु- उस्ताद नासिर ज़हीरुद्दीन और उस्ताद नासिर फैयाज़ुद्दीन- राजदूत के बड़े-से लॉन में लगे सफ़ेद *शामियाना* के भीतर बैठे गा रहे थे। मैं बिलकुल मंत्रमुग्ध हो गई थी। इससे पहले कभी भी मैंने शास्त्रीय गायन में इतनी मादक लय नहीं सुनी थी... उनकी प्रस्तुति बहुत दिव्य थी; उनकी आवाज़ बहुत कोमल और वशीभूत करने वाली थी। मैं तो जैसे दूसरी ही दुनिया में पहुँच गई थी।

1986 में खुशवंत सिंह ने भी डागर बंधुओं और ध्रुपद के बारे में ऐसा ही कुछ कहा था: 'जीवनभर मुझे छोटा होने का एहसास कराया गया, क्योंकि मुझे *पक्का राग* [शास्त्रीय संगीत] की समझ नहीं है। मैं मानता हूँ कि बहुत प्रयासों के बाद भी मैं केवल चार राग- *यमन, काफ़ी, भीमपलासी* और *मेघ* राग के कुछ प्रकारों को ही पहचान पाता हूँ। मुझमें तुच्छता की भावना इतनी घर कर गई है कि मैं शास्त्रीय गायकों की कला के बारे में कोई भी राय देने से डरता हूँ, ताकि कोई यह न कह दे कि मैं वह गंवार हूँ जिसे *गज़ल* या *कव्वाली* [कविता का एक प्रकार] से ज्यादा जटिल किसी चीज़ की समझ ही नहीं है। जितना *पक्का* राग, मैं उसे स्वीकारने में उतना ही घबराता हूँ। मुझे लगता है कि ज्यादातर संगीत-प्रेमी, मेरी तरह ही विविध भारती के स्तर के संगीत तक ही सीमित रह गए हैं। मैं ऐसे सभी संगीत-प्रेमियों को विश्वास दिलाना चाहता हूँ कि *पक्का राग* में कोई गूढ़ता नहीं है और उसका आनंद लेने के लिए उन्हें किसी विशेष *समझ* की जरूरत नहीं है....

'ध्रुपद, जो कि सभी शास्त्रीय संगीत में शायद सबसे *पक्का* प्रकार है, से मेरा पहला परिचय हुआ जब मैं दिल्ली कैंसर रोगी एसोसिएशन, जिसका मैं एक पदाधिकारी भी हूँ, के एक संगीत समारोह में शामिल हुआ। उपराज्यपाल जगमोहन कार्यक्रम का उद्‌घाटन करने वाले थे और मैं उनके स्वागत के लिए वहाँ मौजूद

सामने का पृष्ठः
ज़हीरुद्दीन व फैयाज़ुद्दीन ध्रुपद की दुनिया में खोए हुए। फोटोः देवीसरो

था। मैंने सोचा था कि अपने भाषण के बाद जगमोहन चले जायेंगे और मैं भी उनके साथ निकल लूँगा। मैंने उनसे भी यही कहा, क्योंकि आधे घंटे बाद उन्हें एक दूसरे कार्यक्रम में पहुँचना था। मैंने देखा कि ऐवान-ए-ग़ालिब ऑडिटोरियम में अधिकांशतया श्रोता विदेशी थे जो कि शास्त्रीय संगीत से जल्द ही ऊब जायेंगे।

'डागर बंधुओं ने राग *बिहाग* में हौले-हौले ध्रुपद शुरू किया और धीरे-धीरे उसके अंतिम चरण तक उसे ले गए। जगमोहन अपने अगले कार्यक्रम को भूल गए। पूरे कार्यक्रम के दौरान हम सभी डागर *बंधुओं* द्वारा रचे संगीत के जादुई जाल में मंत्रमुग्ध होकर बैठे रहे। श्रोतागण, जो कि ज्यादातर यूरोपियन या अमेरिकी थे, उनकी तालियों की गड़गड़ाहट से सभागार गूँज उठा। मेरे लिए यह एक अनूठा अनुभव था।'

यह निश्चय ही डागर बंधुओं व उनके संगीत का जादू ही है।

हुमरा क़ुरैशी

ध्रुपद क्या है?

यह देख कर कि ध्रुपद का मेरा ज्ञान सीमित है, स्व. उस्ताद फैयाज़ुद्दीन डागर (1934–1989) ने धैर्यपूर्वक उसके बारे में मुझे समझाने की जिम्मेदारी ली। उन्होंने बताया, 'ध्रुपद के दो भागों में- *आलाप* [राग का तात्कालिक भाग, जो कि औपचारिक अभिव्यक्ति का प्रारंभ होता है] को मुक्त ताल की तरह गाया जाता है, और *पद* [शब्द या वाक्यांश जो कि राग की संकल्पना को दर्शाता है] एक तालबद्ध कविता की तरह है जिसको तबला एवं दो-सिरे *पखावज* [ध्रुपद में प्रयोग किया जाने वाला एक प्रचलित तालवाद्य] के संग गाया जाता है। ध्रुपद एक प्रकार का धार्मिक और आध्यात्मिक संगीत है.... और जबकि इसका बुनियादी अंदाज़, जो कि 15 सदी में इसकी शुरुआत से ही नहीं बदला है, इसमें वैयक्तिकता की अपनी ही पहचान है।'

फैयाज़ुद्दीन साहिब ने आगे स्पष्ट किया कि यह परंपरा पीढ़ियों से निरंतर चली आ रही है। जन्म के पश्चात ही शिशु घर में संगीत से जैसे घिर-सा जाता है: 'जिस तरह से बच्चों को मातृभाषा सिखाने की आवश्यकता नहीं होती, उसी प्रकार संगीत से उनका परिचय हो जाता है और पांच वर्ष की उम्र से ही बच्चे की संगीत शिक्षा शुरू हो जाती है। जब तक वह किशोरावस्था में पहुंचता है, उसकी *साधना* [अनुशासित और समर्पित अभ्यास] आरम्भ हो जाती है, क्योंकि रोज 12 से 16 घंटे *रियाज़* [संगीत अभ्यास] के बिना ध्रुपद नहीं सीखा जा सकता। परन्तु ध्रुपद एक ऐसा *नशा* [लत/जुनून] है, कि आप सब दुःख एवं तकलीफें भूल जाते हैं.....।'

उनके पुत्र, उस्ताद फैयाज़ वसीफुद्दीन डागर, डागर परिवार के ध्रुपद गायकों की बीसवीं पीढ़ी हैं। ध्रुपद में डागर परिवार की खास पहचान के बारे में उन्होंने बताया: '*डागरवाणी* को, जो कि ध्रुपद गायिकी की कई शैलियों में से एक है, आज ध्रुपद गायिकी की सबसे प्रसिद्ध शैली होने का श्रेय प्राप्त है। ऐसा इस घराने की प्रदर्शन श्रेष्ठता की वजह से ही संभव हो पाया है। इस घराने के शिष्यों को सर्वप्रथम

यही सिद्धांत बताया जाता है कि ध्रुपद शैली में गायिकी ध्रुवतारे के तुलनात्मक है। यदि वे भारतीय शास्त्रीय संगीत की सुंदरता को बनाए रखना चाहते हैं तो उन्हें भी इस तारे की तरह चमकना ज़रूरी है। इसीलिए यह *घराना* [परंपरा] कलाकारों की निरंतरता को बनाए रख सका है...।

उन्होंने आगे कहा, 'परन्तु ध्रुपद कला व इसके पेशेवर कलाकारों के खिलाफ कुछ लोगों का कहना है कि संगीत की यह कला आज के ज़माने की रुचि से बिलकुल पृथक है, लेकिन मैंने कुछ संगीतकारों को यह कहते हुए पाया है कि उनके संगीत की नींव भी ध्रुपद में ही है। इसलिए 'ध्रुपद' का नाम सार्थक होता है, क्योंकि यह दो अक्षरों के मेल से बना है- *ध्रुव* यानी अचल, सतत, नियमित और धारणीय, और *पद* यानी मूलपाठ, जो कि उस समय के प्रचलित अर्थ में हिंदू देवी-देवताओं की प्रशंसा में गाई जाने वाली कविता है। ध्रुपद कला के प्रमुख समर्थकों में से गोपाल नायक, बैजू बावरा, नायक बक्शु एवं मियाँ तानसेन जैसे कुछ जाने-माने नाम हैं। ध्रुपद के विषय में बात करने पर आप स्वामी हरिदास को कदापि नहीं भुला सकते जिन्होंने डागर की शुरुआत की थी। उनके बाद की पीढ़ियों में बाबा अल्लामी, गन्धर्व, बाबे, मुसिकी और बहराम खान भी कुछ जाने-माने नाम हैं।'

ध्रुपद गायिकी के बारे में बात करते हुए उन्होंने कहा, 'ध्रुपद पाठ के ज्यादातर प्रकारों में, लोग *नोम-तोम* के साथ *आलाप* करते हैं, लेकिन हम इसे *नोम-तोम* की तरह नहीं गाते हैं। हमारा प्रारम्भ एक मन्त्र से होता है- *ॐ अनंता तम तारण तारिणी त्वम्, हरि ॐ नारायण, अनंता हरि ॐ नारायण*।' माना जाता है कि ॐ वह स्वर है जिससे महाविस्फोट हुआ था, पदार्थ का निर्माण हुआ व पृथ्वी की रचना हुई थी। हम संस्कृत मन्त्र के अक्षरों को लेकर संगीत के स्वरों से प्रतिपादित करते हैं। *आलाप* के दौरान हम प्रत्येक स्वर को महत्त्व देते हैं और इस मन्त्र के माध्यम से राग का वर्णन करते हैं।

बाबा बहराम खान ने संगीत के तकनीकी और तर्कयुक्त पहलुओं को समझने का निरंतर प्रयास किया और उन्होंने इसका ज्ञान अपने बच्चों, शिष्यों एवं भतीजों को भी दिया। आज तक हम इन सिद्धान्तों को भली-भांति अपना रहे हैं और स्वर एवं व्यंजन का ठीक प्रकार से उपयोग कर रहे हैं। हमारे लिए संगीत केवल एक ध्वनि या कम्पन ही नहीं है। संगीत हमारे लिए जीवन जीने का साधन है।

'साथ ही, इस कला में सही उच्चारण पर अधिक जोर दिया जाता है। इसे *उच्चारण शास्त्र* कहते हैं। इसमें जुबान, तालु, ऊपरी तालु, दांत, होंठ और पूरे मुख के प्रयोग को विशेष महत्व दिया जाता है। हम राग को केवल एक आकार अथवा आरोही और अवरोही स्वरों का मिश्रण ही नहीं मानते। ध्रुपद कला में हम संगीतकार

सामने का पृष्ठ:
महाराजा सवाई राम सिंह द्वितीय द्वारा लिए गए फोटो से, पखावज वादक फिल हॉलेनबेक द्वारा बनाया बाबा बहराम खान डागर का पेन्सिल स्केच

सबसे ऊपर बाएँ: *अपनी वास्तविक अवस्था में जयपुर में डागर हवेली का बाहरी दरवाजा।*

सबसे ऊपर दाएँ: *बाबा बहराम खान डागर चौखट, घर में नया बगल का दरवाजा।*

ऊपर बाएँ: *पुनरुद्धार के बाद जयपुर का घर।*

ऊपर दाएँ: *घर के बाहर खड़ी डागर परिवार की क्वालिस*

की पसंद को नज़र में रख कर या आवाज़ की "प्रकृति" अनुसार सुर का चुनाव करते हैं। फिर हम उस आवाज़ की तीव्रता के आधार पर उसके अष्टक पर काम करते हैं। हमें इसी अष्टक के निम्न, मध्य एवं उच्च वर्गों से गुजर कर, चुने हुए राग को मद्दे नज़र रख कर, आगे बढ़ना पड़ता है; जो एक अष्टक के लिए लागू है, वही अन्य दो सप्तकों के लिए भी लागू होता है।'

ध्रुपद के कई प्रशंसक रह चुके हैं, जो सदियों से प्रयासरत हैं कि वे इसकी उत्पत्ति पर प्रकाश डाल सकें और इस अनोखी संगीतकला के महत्व को परख सकें। एयर चीफ़ मार्शल इदरिस हसन लतीफ़, जो कि फ्रांस में भारत के प्रतिनिधि भी रह चुके हैं, के अनुसार, 'भारी परिवर्तन एवं गुमनामी का शिकार बनने के पश्चात, ध्रुपद

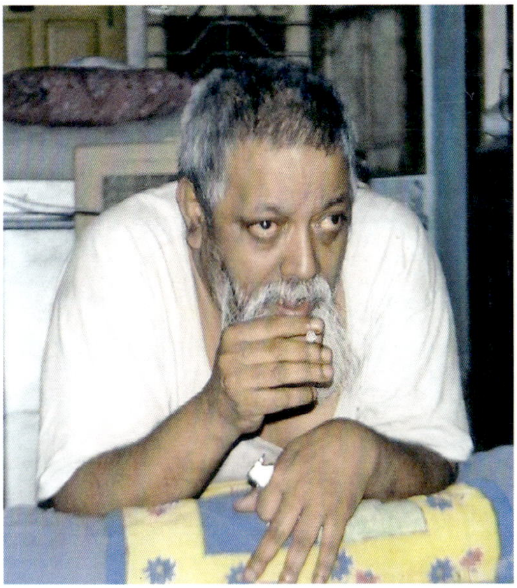

को भारत में फिर से एक विशेष एवं प्रतिष्ठित कला के रूप में अपनाया गया है। यह भारतवर्ष की प्राचीनतम संगीतकलाओं में जाना जाता है। इस जागृति को प्रोत्साहित किया जाना चाहिए, क्योंकि ध्रुपद न केवल धार्मिक गीत की सबसे पुरातन कला है, बल्कि इसलिए भी, क्योंकि कुछ संगीतकार इसे भारतीय शास्त्रीय संगीत सीखने का आधार मानते हैं। ध्रुपद कला की वृद्धि और उसके प्रशंसकों की वजह से हमें इसका ज्ञान प्राप्त हुआ है। क्या यह आज की पीढ़ी की ज़िम्मेदारी नहीं कि वे इस कला को जीवित बनाये रखें और आने वाली पीढ़ियों को प्रदान करें?'

जबकि यह बात उन्होंने कई वर्ष पहले सन 1986 में की थी, परन्तु यह बात आज भी प्रासंगिक है। जैसा कि इतिहास प्राध्यापिका डॉ. रोमिला थापर ने कहा

सबसे ऊपर बाएँ: *बाबा बहराम खान डागर चौखट पर जयपुर ध्रुपद कार्यक्रम के समापन समारोह में वसीफुद्दीन द्वारा श्रद्धांजलि देते हुए।*

सबसे ऊपर दाएँ: *जयपुर ध्रुपद कार्यक्रम के समापन समारोह में गाते हुए फहीमुद्दीन।*

ऊपर बाएँ: *मस्तान बाबा, पीर साहिब, जयपुर में।*

ऊपर दाएँ: *जयपुर के घर के पुनरुद्धार के दौरान क़मर के साथ वसीफुद्दीन।*

मंच पर गाते हुए सईदुद्दीन, फहीमुद्दीन और वसीफुद्दीन, साथ में तानपुरा पर साथ देते हुए नफीसुद्दीन और अनीसुद्दीन।

है, 'ध्रुपद परम्परा भारत की धरोहर का विशेष अंग है, क्योंकि इसकी निरंतरता संस्कृत साहित्य या पुरातन मूर्तिकला के बराबर है। इस कला की जड़ें सामवेद के सस्वर पाठ में पाई जाती हैं, जो कि सदियों की भक्ति संगीत की परम्परा में पनपी हैं। यह परम्परा आज भी भारतीय सभ्यता का एक प्रमुख अंग है। इसीलिए ध्रुपद परम्परा का इतिहास हमारी सभ्यता के कई पहलुओं को दर्शाता है। इस कला की विरासत केवल भारत तक ही नहीं सीमित है, बल्कि हमारे पड़ोसी देश पाकिस्तान एवं बांग्लादेश की परम्पराओं से भी जुड़ी है। ध्रुपद एक अनोखी विद्या है जिसने पूरे उपमहाद्वीप को जोड़ कर रखा है और यही आशा है कि जिस दिन हमारे समसामयिक मन-मुटाव मिट जायेंगे, और पूरा उपमहाद्वीप फिर से सांस्कृतिक रूप से एकजुट हो जायेगा, ध्रुपद कला की सही मायने में सराहना होगी।'

उसी राग में उन्होंने आगे कहा कि, 'ध्रुपद की शिक्षा, *गुरु-शिष्य परंपरा* (गुरु से शिष्य का सिलसिला) की हमारी पुरातन सभ्यता से घनिष्ठ रूप से जुड़ी है। लेकिन इसे केवल एक शिक्षण प्रथा ही कहना न्याय संगत नहीं है। हम इसे संगीत से सम्बंधित मौखिक परंपरा के रूप में वर्णित कर सकते हैं। यह महत्वपूर्ण है, क्योंकि मौखिक परंपरा हमेशा से हमारी सभ्यता का शक्तिशाली भाग रही है और अभी भी है। महाभारत, रामायण, संतों द्वारा बनाये गए भक्ति स्रोत, सूफी पद एवं *गुरु-वाणी*- सब हमारी संस्कृति की नींव हैं, और मौखिक प्रथा में निहित हैं। यह हमारा सौभाग्य है कि डागर परिवार ने इस परम्परा का विकास किया और हमें उपलब्ध कराया। इतने समय तक किसी परम्परा का संरक्षण और संवर्धन करना अमूल्य है,

और हमें अपने आपको सौभाग्यशाली मानना चाहिए। यह केवल निरन्तरता का प्रतीक ही नहीं, बल्कि भारतीय परम्पराओं के स्मारक भी हैं। यह हमारे तेजस्वी गुरुओं के कौशल का व्याख्यान है, जिन्होंने धर्म व नीच प्रतिबंधों को तोड़ कर एक ऐसे संगीत की रचना की जिसका आकर्षण विश्वव्यापी है।'

जवाहरलाल नेहरु विश्वविद्यालय (जे.एन.यू) की पूर्व प्राध्यापिका शिरीन रत्नागर ने इस प्रकार के शास्त्रीय संगीत की विस्तृत व्याख्या प्रस्तुत की, 'ध्रुपद असल में भक्ति संगीत है। इस राग का उद्देश्य मनोरंजन करना नहीं है। इसकी प्रस्तुति वास्तव में एक उपासना है, जो कि वह सुनने वाले को विधाता की चेतना से अवगत करने का प्रयास करती है। इस मौखिक परम्परा से मध्यकालीन युग में ध्रुपद की चार प्रमुख संगीत शैलियों अथवा *वाणी* की स्मृति का पता चलता है: गायिकी में *डागर* एवं *खंडार*, और वाद्य संगीत में मुख्यत: *नौवहर* और *गोबर्हर*। आज केवल *डागरवाणी* ही पूर्ण रूप से संरक्षित है।

'*कर्णाटक संगीत* व *ख़याल, ठुमरी और टप्पा* [संगीत की विभिन्न शैलियाँ] की तरह ही ध्रुपद में धुन के मौलिक व्याकरण, 22 अंतराल अष्टक, और पेचीदे तालबद्ध

वीणा बजाते हुए मोहिउद्दीन डागर, पखावज बजाते हुए राजा छत्रपति सिंह और तानपुरा बजाती हुई एनी पेंटा।

पुर्तगाली बच्चों के साथ बात करते हुए व उन्हें तानपुरा दिखाते हुए वसीफुद्दीन, बेल्गैस, 2004

प्रतिरूपों का मिश्रण है। परन्तु यह हिन्दुस्तानी संगीत से केवल शैली में ही अलग नहीं है। यह एक स्वतंत्र शैली है; बल्कि हिन्दुस्तानी संगीत की शास्त्रीय परंपरा का स्त्रोत है। अनुभागीय व्यवस्थाओं की स्पष्ट संरचना ध्रुपद की प्रमुख विशेषता है। हालाँकि *आलाप* में कलाकार को अभिव्यक्ति और आशुरचना की स्वतन्त्रता मिलती है, यह संगीत चरित्र के तीन विपरीत वर्गों में संरचित है।

इसी तरह से ध्रुपद या *धमार* के खंड को, जोकि *आलाप* की तरह है, चार- अथवा दो-चरण और उसके बाद आशुरचना संरचनाओं के अनुरूप किया गया है। शायद इसी अलंकृत संगीत संरचना के कारण ध्रुपद की उत्कृष्टता महाकाव्य के समान है।'

'सुनने वाले के लिए ध्रुपद एवं *ख़याल* (उससे निकटतम कला) के बीच के अंतर को समझना कठिन नहीं होता है। ध्रुपद में किसी सहायक यन्त्र के मधुर सहायक वाद्य यंत्रों की संगति भरसक नहीं की जाती है। उदहारण के लिए, *सारंगी* [छोटी-गर्दन वाला, धनुष के आकार का तार वाद्य] गायक के सुर में सुर मिलाने पर, उसके ध्यान में बाधा आ सकती है और इससे *श्रुति* के सुरों के स्वरमान की बारीकियाँ धुंधला सकती हैं। इसीलिए *ध्रुपदिया* सुर-संगति के लिए केवल तानपुरा पर निर्भर रहता है, जिससे उन्हें ताल में तीन अचल सुर मिलते हैं। साथ में *तबला* की जगह

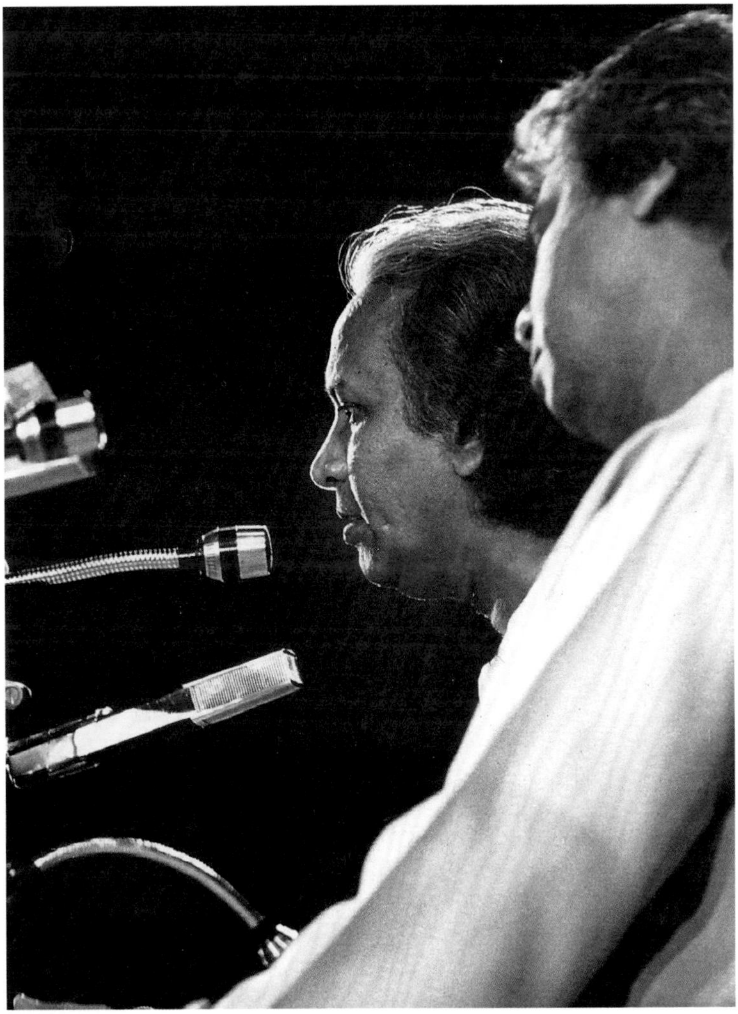

डागर बंधुओं की एक प्रोफाइल फोटो।

ध्रुपद ध्यान है: फैयाज़ुद्दीन (बाएँ) व ज़हीरुद्दीन।

पखावज का प्रयोग होता है। *पखवाज* तबले से पुराना वाद्य है, और (मृदु ध्वनि के कारण) ध्रुपद के लिए तबला से ज्यादा उचित है।'

लॉरेंस बस्तीट, जो कि फ्रांस से हैं, और डागर बंधुओं के सबसे वरिष्ठ शिष्यों में से एक हैं, (और जो आज भी ध्रुपद एवं *डागरवाणी* के विस्तार में शामिल हैं) ने कहा: 'ध्रुपद की विदेशी शिष्या होने के कारण मेरे लिए यह स्पष्ट करना कठिन है कि ध्रुपद का विकास किस प्रकार से हुआ, किस प्रकार यह सदियों में समृद्ध हुआ और क्यों भारत व अन्य देशों में एक बार फिर से लोकप्रियता हासिल कर रहा है। संभवतः इसका कारण यही है कि ध्रुपद संगीत की एक ऐसी जोरदार लेकिन शांत कला है जो कि समाज में बदलती रुचि का सामना कर सकी है।

शास्त्रीय स्वर संगीत शैली ध्रुपद की उत्पत्ति सामवेद के समय से मानी जाती है। इसका प्रारंभ 'ॐ' के उच्चारण से हुआ था, जो कि पूर्ण सृष्टि का नाद है व वैदिक शास्त्रों और ॐ के जप से गायक के तन व आत्मा की शुद्धि होती है। बाद में यह छंद और *प्रबंध* में परिवर्तित हुए, जब पद्य और छंद की शुरुआत हुई। इन दो स्वरूपों के विलय से ध्रुपद की सृष्टि हुई।'

जैसे-जैसे इस कला के विषय में मेरा ज्ञानवर्धन हुआ, मैं इसके सृजन के बारे में जानने के प्रति उत्सुक हुई, जो कि डागर वंश के साथ अनिवार्यत: जुड़ा हुआ है। उनके इतिहास से ध्रुपद के विकास के बारे में भी पता चलता है, क्योंकि इन सालों में ध्रुपद और डागर तो जैसे एक-दूसरे के पर्याय हो गए हैं।

कलाकारों की पीढ़ियाँ

वसीफुद्दीन डागर के अनुसार, 'डागर के वंशवृक्ष की शुरुआत मुग़ल सल्तनत के बादशाह बाबर के समय में श्री गिरधर नाथ पाण्डेय से हुई थी। 'उनके पुत्र सुरेन्द्र नाथ पाण्डेय के दो पुत्र थे- गदाधर और ज्ञानधर पाण्डेय, जिन्होंने वृन्दावन के पूजनीय स्वामी हरिदास से शिक्षा प्राप्त की। बाद की सारी पीढ़ियाँ इन दोनों भाइयों, जो कि अकबर के दरबार में संगीतकार थे, के वंशज हैं। बाबा बहराम खान डागर सभी डागर के पूर्वज हैं और *डागरवाणी* की '*आलाप*-ध्रुपद-*धामर*' शैली के सृजनकर्ता हैं, जो कि डागर की एक खासियत बन गयी है। बाबा बहराम खान दीर्घायु तक जीवित रहे, और उपमहाद्वीप में उनके अनेक प्रशंसक थे।

'डागर वंशजों के अलावा डागर वंशावली में हैदर खान, जो कि बहराम खान के साथ सब जगह जाते थे, के माध्यम से भी रोचक जुड़ाव हुआ। लेकिन विडम्बना है कि उनका कम उम्र में ही देहांत हो गया और बहराम खान ने हैदर खान के दो पोतों- ज़कीरुद्दीन खान और अल्लाहबन्दे खान- जो कि उनके सर्वश्रेष्ठ शिष्यों में से थे, के लालन-पालन की जिम्मेदारी ले ली। इन दोनों भाइयों की अपनी अलग शैली थी, और उनकी गायिकी को देवलोक [देवों का निवास] के संगीत के रूप में वर्णित किया जाता था। उस समय उनके एक और भाई, इनायत खान, जो कि सद्दू खान के पुत्र थे और बहुत बड़े कवि व संगीतकार माने जाते थे, उनका भी ध्रुपद गायिकी में बहुत नाम था। तीनों भाई प्राय: मिलते थे और डागर *घराने* के दृष्टिकोण, बहराम खान के सिद्धांतों और उनके क्रियान्वयन पर चर्चा किया करते थे।'

वसीफुद्दीन के अनुसार, 'ज़कीरुद्दीन के एक पुत्र थे, ज़ियाउद्दीन डागर, जो उदयपुर में रहते थे। 1947 में पिता के देहांत के उपरान्त, उन्हें दरबार में उनकी जगह लेने के लिए बुलाया गया। ज़ियाउद्दीन ने व्यापक यात्राएं कीं और *ताल* पर उनकी पकड़ बेजोड़ थी, जिस कारण उन्हें 'धामर नाथ' का खिताब हासिल हुआ। अल्लाहबन्दे खान के चार पुत्र थे- नसीरुद्दीन, रहीमुद्दीन, इमामुद्दीन और हुसैनुद्दीन।

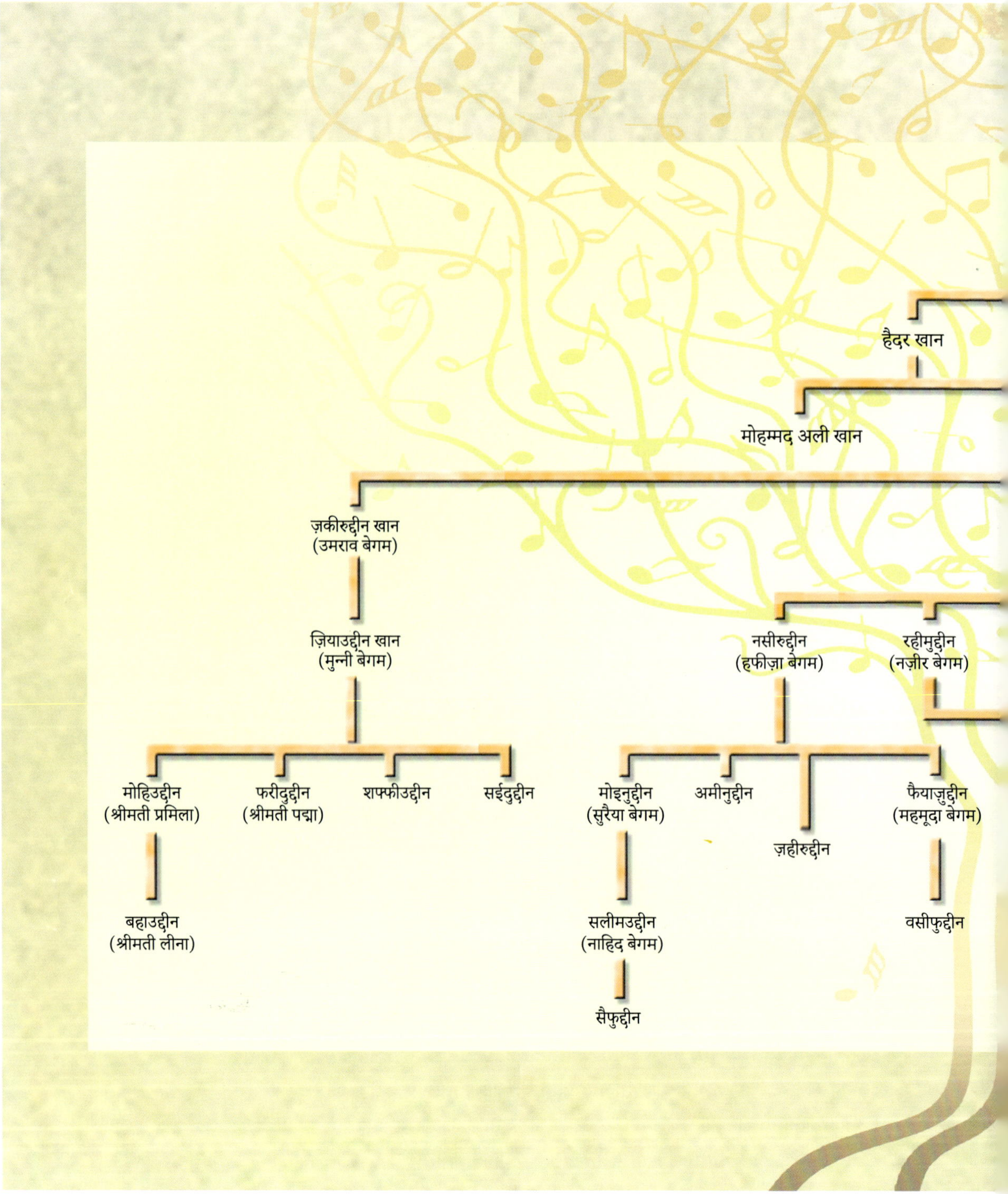
हैदर खान
मोहम्मद अली खान
ज़कीरुद्दीन खान
(उमराव बेगम)
ज़ियाउद्दीन खान
(मुन्नी बेगम)
नसीरुद्दीन
(हफीज़ा बेगम)
रहीमुद्दीन
(नज़ीर बेगम)
मोहिउद्दीन
(श्रीमती प्रमिला)
फरीदुद्दीन
(श्रीमती पद्मा)
शफ्फीउद्दीन
सईदुद्दीन
मोइनुद्दीन
(सुरैया बेगम)
अमीनुद्दीन
ज़हीरुद्दीन
फैयाज़ुद्दीन
(महमूदा बेगम)
बहाउद्दीन
(श्रीमती लीना)
सलीमउद्दीन
(नाहिद बेगम)
वसीफुद्दीन
सैफुद्दीन

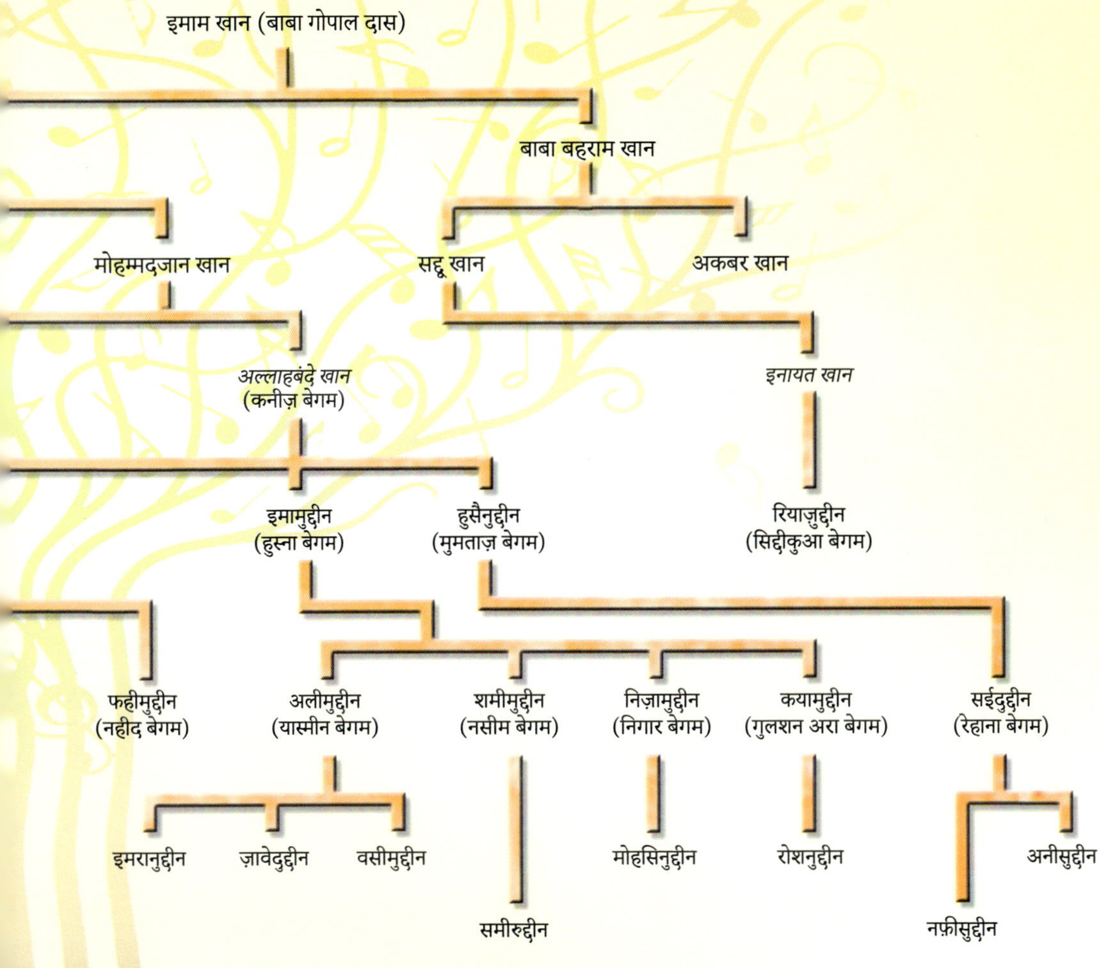

इमाम खान (बाबा गोपाल दास)
बाबा बहराम खान
मोहम्मदजान खान
सद्दू खान
अकबर खान
अल्लाहबंदे खान
(कनीज़ बेगम)
इनायत खान
इमामुद्दीन
(हुस्ना बेगम)
हुसैनुद्दीन
(मुमताज़ बेगम)
रियाज़ुद्दीन
(सिद्दीकुआ बेगम)
फहीमुद्दीन
(नहीद बेगम)
अलीमुद्दीन
(यास्मीन बेगम)
शमीमुद्दीन
(नसीम बेगम)
निज़ामुद्दीन
(निगार बेगम)
कयामुद्दीन
(गुलशन अरा बेगम)
सईदुद्दीन
(रेहाना बेगम)
इमरानुद्दीन
ज़ावेदुद्दीन
वसीमुद्दीन
मोहसिनुद्दीन
रोशनुद्दीन
अनीसुद्दीन
समीरुद्दीन
नफ़ीसुद्दीन

हुसैनुद्दीन को महाराजा अलवर ने तानसेन पाण्डेय की पदवी दी, और घोषित किया कि, "यदि अकबर के दरबार में तानसेन थे, तो मेरे दरबार में भी तानसेन हैं।" हुसैनुद्दीन अपने जीवनकाल के आदर्श कहलाये। वे रबिन्द्र भारतीय विश्वविद्यालय कोलकाता में पढ़ाते थे जहां 1963 में उनका देहांत हुआ।'

पिछली बातें याद करते हुए वसीफुद्दीन साहब ने कहा, '1857 में, जब अंतिम मुग़ल बादशाह बहादुरशाह ज़फर को गिरफ्तार कर रंगून भेजा गया, लगभग सभी दरबारी दिल्ली छोड़ रामपुर, अलवर और जयपुर जैसे निकटवर्ती राज्यों में बस गए। बहराम खान डागर, जो कि उस समय 104 वर्ष के थे, अपने पूरे परिवार एवं कम-से-कम 20 विद्यार्थियों के संग राजपूताना गए। वे सबसे पहले अलवर पहुंचे, परन्तु महाराजा को लगा कि उनका राज्य इतने महान संगीतकार के लिए बहुत छोटा है। उस्ताद साहिब ने फिर जयपुर की ओर प्रस्थान किया, जिसके शासक उस समय महाराजा सवाई राम सिंह थे। उन्होंने उनकी प्रतिभा एवं योग्यता को समझा और उनसे जयपुर में निवास करने का अनुरोध किया। महाराजा स्वयं उस्ताद साहब के शिष्य बन गए, और उन्होंने उन्हें *जागीर* (सामन्ती भूमि उपहार) में सात गाँव दिए। वे महाराजा की इस भावना से द्रवित हुए, परन्तु उन्होंने महाराजा को कहा कि, "मैं इस जागीर का क्या करूँगा? मेरी मृत्यु के उपरान्त, यह मेरे पुत्रों के बीच के क्लेश का कारण बनेगा। मेरी इच्छा है कि वे अपना जीवन संगीत को समर्पित करें, न कि जायदाद के लिए न्यायालय में लड़ें।"

ऊपर बाएँ:
नसीरुद्दीन व ज़ियाउद्दीन।

बाएँ: *नसीरुद्दीन।*

दाएँ: *अपने बच्चों व पोते-पोतियों से घिरे इमामुद्दीन, जयपुर, 1950 के दशक के अंतिम भाग में।*

सामने का पृष्ठ:
ऊपर बाएँ:
बाबा बहराम खान डागर।

ऊपर दाएँ:
उस्ताद बंदे अली खान।

नीचे बाएँ:
उस्ताद अल्लाहबंदे खान।

नीचे दाएँ:
उस्ताद ज़कीरुद्दीन डागर।

दाएँ: तानपुरा बजाते हुए उस्ताद रहीमुद्दीन।

सामने का पृष्ठ:
***ऊपर बाएँ:** हुसैनुद्दीन, स्टूडियो में ली गई फोटो।*

***ऊपर दाएँ:** रहीमुद्दीन का क्लोज-अप फोटो।*

***नीचे बाएँ:** इमामुद्दीन, एक चित्र।*

***नीचे दाएँ:** हुसैनुद्दीन के साथ इमामुद्दीन।*

'महाराजा उनके विवेक व दूरदर्शिता से अत्यंत प्रभावित हुए, और उन्होंने उनके लिए ध्रुपद कला की दीक्षा देने के लिए प्रतिमास 60 रुपए की गुरु दक्षिणा निश्चित की। समय के साथ उनके शिष्यों की संख्या बढ़ती गयी। कहा जाता है कि उनके शिष्यों में अली बक्श, पटियाला के फ़तेह अली, गोखी बाई और उनके पुत्र अब्दुल्लाह व कुछ अन्य थे। साथ ही उन्होंने अपने शास्त्रीय अनुसंधान को जारी रखा- शास्त्रों व ग्रंथों पर उनके कार्य को अग्रणी माना जाता है। वे अपना सारा समय एवं बल संगीत की पेचीदगियों को समझने में व्यतीत करते थे। और फिर इस ज्ञान को अपने शिष्यों के साथ बांटते थे। वे वास्तव में अनोखे थे कि उन्होंने अनेक संगीतकारों

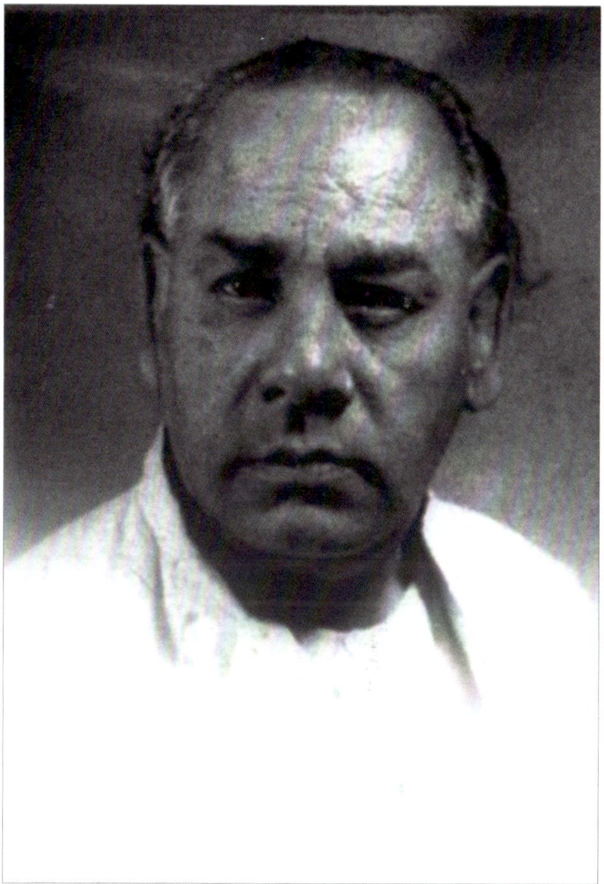

ऊपर बाएँ: *इमामुद्दीन, रहीमुद्दीन, हुसैनुद्दीन और एक शिष्य।*

ऊपर दाएँ: *अपनी बहन साहिरा। और पत्नी रेशमा के साथ सईदुद्दीन।*

नीचे दाएँ: *आराम-चित्त अवस्था में इमामुद्दीन और हुसैनुद्दीन।*

नीचे: *बाएँ से दाएँ: फैयाज़ुद्दीन, मोहिउद्दीन, अमीनुद्दीन, फहीमुद्दीन, ज़हीरुद्दीन और सईदुद्दीन, 1960 के दशक के मध्य में।*

सामने का पृष्ठ:
ऊपर बाएँ: *हुसैनुद्दीन 'तानसेन पाण्डेय'।*

ऊपर दाएँ: *उस्ताद रियाज़ुद्दीन, स्टूडियो में ली गई फोटो।*

नीचे: *उस्ताद बड़े गुलाम अली खान से बातचीत करते हुए रहीमुद्दीन।*

को शिक्षा दी जो आगे जाकर अपने क्षेत्र में महान बने। उनके जीवन के अंतिम बीस वर्ष सुनहरे कहे जा सकते हैं, क्योंकि महाराजा सवाई राम सिंह के आश्रय के कारण वे अपना पूर्ण समय संगीत की शिक्षा में बिता सके। वास्तव में महाराजा से उन्हें इतना अधिक लगाव था कि उनकी मृत्यु का समाचार मिलने के थोड़ी देर बाद ही यह कहकर, "आह, मेरा सच्चा प्रशंसक अब नहीं रहा!" उन्होंने अपने प्राण त्याग दिए।'

कलाकारों की उन्नीसवीं पीढ़ी का जन्म स्वंत्रता पूर्व हुआ था,और वसीफुद्दीन के अनुसार, उन्हें अपने लिए स्थान बनाने के लिए संघर्ष करना पड़ा। उन्हें जीवन

ऊपर: अपने तीनों बच्चों- महमूदा, सईदुद्दीन व साहिरा के साथ हुसैनुद्दीन डागर।

ऊपर दाएँ: बाएँ से दाएँ: सुरैया, हफीज़ा, अमीनुद्दीन, फैयाज़ुद्दीन, एक और संगीतकार और मोईन अली खान, 1960 के बाद के दशक में।

नीचे दाएँ: बंबई एयरपोर्ट पर अपने मित्रों के साथ अमीनुद्दीन, मोइनुद्दीन, फैयाज़ुद्दीन, सुरैया, मोईन अली खान, ज़हीरुद्दीन और पंडित पुरुषोत्तम दास।

सामने का पृष्ठ:
ऊपर: गाने में तल्लीन सईदुद्दीन. फोटो: डेविसरो।

नीचे: सईदुद्दीन को तानपुरा पर संगत देते हुए उनके बेटे, नफीसुद्दीन और अनीसुद्दीन. फोटो: विकास फेंदनी।

व्यतीत करने का एक नया आधार अपनाने की ज़रुरत पड़ी। इन संगीतकारों में – नासिर मोईनुद्दीन, नासिर अमीनुद्दीन, नासिर ज़हीरुद्दीन, नासिर फैयाज़ुद्दीन, रहीम फहीमुद्दीन, जिया मोहिउद्दीन, जिया फरीदुद्दीन एवं हुसैन सईदुद्दीन शामिल हैं। इन आठ संगीतकारों में अब केवल एक ही जीवित हैं- सईदुद्दीन, और वे अपनी पत्नी और दो पुत्र- अनीसुद्दीन एवं नफीसुद्दीन के संग पुणे में रहते हैं।

'इस देश के बंटवारे से कई परिवार, विशेषकर कला और कलाकार, प्रभावित हुए, वसीफुद्दीन ने जोर देकर कहा। यह समय शास्त्रीय संगीतकारों के लिए विकट था, और ध्रुपद के कलाकारों के लिए उससे भी बुरा। उन्हें अब अपने लिए आर्थिक और अन्य प्रबंधों के विषय में सोचना पड़ रहा था, जो कि उनकी पहली अवस्था से बिलकुल विपरीत था- जहां उनके श्रोता एवं प्रशंसक राजा-महाराजा थे।'

डागर परिवार ने इस चुनौती को स्वीकार किया और उसका डट कर सामना किया। बड़े संगीतकार होने के साथ वे दूरदर्शी भी थे। उन्होंने ध्रुपद समितियों का निर्माण किया और ध्रुपद को एक ऊँचे मुकाम पर पहुँचाने का निरंतर प्रयास किया। इसके कारण आज ध्रुपद को 'विश्व का शास्त्रीय संगीत' माना जाता है। डागर वंश की बीसवीं पीढ़ी इस प्रथा को आगे बढ़ा रही है। उनमें से एक हैं वसीफुद्दीन डागर, जो भारतीय डागर समिति के अध्यक्ष हैं। उन्हें 2010 में पद्मश्री पुरस्कार से सम्मानित किया गया, जिसके वे योग्य अधिकारी रहे हैं।

डागर भाइयों के साथ बातचीत

1980 के दशक के मध्य में, भारत में क़तर के प्रतिनिधि के घर पर ध्रुपद संगीत समारोह देखने के पश्चात, मैंने डागर परिवार से भेंट करने और उनके विषय में और भी जानने का निश्चय किया। मैं जब नई दिल्ली के पूर्व निजामुद्दीन में उनके घर गई तो मुझे पहली मंजिल पर स्थित एक छोटे फ़्लैट की तरफ भेज दिया गया। मुझे ताज्जुब हुआ कि इतने विख्यात *उस्ताद* इतनी छोटी-सी जगह में कैसे रहते और रियाज़ करते होंगे! सीढ़ियाँ चढ़ कर मैं स्टडी तक पहुँची जहाँ ज़मीन पर सफ़ेद चादर बिछी हुई थी। उस्ताद ज़हीरुद्दीन उसपर बैठ कर *रियाज़* कर रहे थे। फैयाज़ुद्दीन साहब की पत्नी महमूदा बेगम ने अन्दर बुलाया और अपने देवरों से मेरा परिचय करवाया - अमीनुद्दीन, सईदुद्दीन, फहीमुद्दीन, मोहिउद्दीन और फरीदुद्दीन। उस समय केवल तीन डागर भाई- फैयाज़ुद्दीन, ज़हीरुद्दीन एवं सईदुद्दीन दिल्ली में रहते थे। अमीनुद्दीन कोलकाता में रहते थे; फहीमुद्दीन जयपुर में और मोहिउद्दीन मुंबई के निवासी थे, परन्तु उनका अमरीका काफ़ी आना-जाना रहता था जहाँ वे सिएटल विश्वविद्यालय में वीणा के प्राध्यापक थे। फरीदुद्दीन भोपाल के ध्रुपद केंद्र में संगीत के निदेशक थे। मैं जिस सप्ताहांत उनसे मिली, वे सब दिल्ली एक पारिवारिक समारोह के लिए आये थे।

'वास्तव में हम आठ भाई हैं', अमीनुद्दीन ने बताया। 'मेरे बड़े भाई उस्ताद नासिर मोईनुद्दीन, *जिनका मैं आशिक था*, उनका 23 वर्ष पहले (1960 के दशक के मध्य में) देहांत हो गया। मैं उनके बेहद करीब था, जैसे हमारे रूह एक साथ बंधे हुए हों, और उनकी मृत्यु के बाद मैं कभी पहले जैसा नहीं रहा। अब *गाना* ही मेरी *इबादत* है।'

अब अमीनुद्दीन डागर परिवार के सबसे बड़े जीवित भाई हैं, और ध्रुपद कला को जिंदा रखने का श्रेय उन्हें ही जाता है। 'चौदह वर्ष पहले, ध्रुपद का नामोनिशान मिट रहा था, तो मैंने एक स्मारक समिति की स्थापना की, और फिर कोलकाता में

सामने का पृष्ठः
अपने कैरियर के शीर्ष पर, मोइनुद्दीन की अल्प अवस्था में ही मृत्यु हो गई।

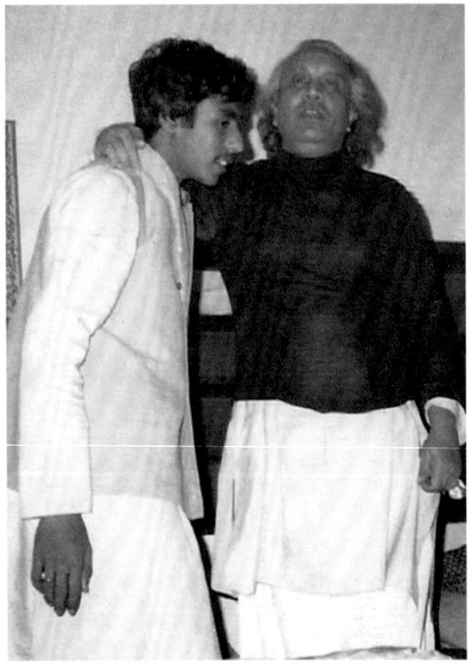

ऊपर: डागर परिवार के वर्तमान घर के सामने अपने बच्चों के साथ खेलते हुए निजामुद्दीन, एशियाड विलेज, नई दिल्ली, 1997. चित्र में उनकी पहली कार भी दिखाई दे रही है।

नीचे: बाएँ से दाएँ (पहली पंक्ति): क़मर, ज़हीरुद्दीन, महमूदा, फैयाज़ुद्दीन और पीछे हैं मुसर्रत, साफिया, नीलोफर और वसीफुद्दीन, 1987

सामने का पृष्ठ:
ऊपर बाएँ: *मोहिउद्दीन, फरीदुद्दीन, फैयाज़ुद्दीन और एम. एस. गणेश डागर परिवार के घर पर, नई दिल्ली।*

ऊपर दाएँ: *महमूदा, लॉरेंस बस्तीट, एनी मॉन्टौट और स्वाति सरकार के साथ फैयाज़ुद्दीन।*

बीच में बाएँ: *पूर्वी निजामुद्दीन, नई दिल्ली के पुराने घर में अपने मित्रों, शिष्यों के साथ डागर परिवार।*

बीच में दाएँ: *अपने घर पर वसीफुद्दीन के साथ ज़हीरुद्दीन*

नीचे बाएँ: *ज़हीरुद्दीन, सईदुद्दीन, मस्तान बाबा और फैयाज़ुद्दीन, 1985*

नीचे दाएँ: *अपने एक शिष्य के घर में आराम फरमाते हुए फैयाज़ुद्दीन और मस्तान बाबा, नई दिल्ली, 1988*

डागर शिक्षा मंदिर बनाया, जो कि एक आश्रम की तरह है जहाँ *गुरु-शिष्य परंपरा* अभी भी जारी है। हम बाईस शिष्यों को छः मास की परिवीक्षा अवधि पर रखते हैं,जबकि बारह शिष्य वहाँ के नियमित शिष्य हैं। नंदी बहनें और अनु बर्मन हमारे सर्वश्रेष्ठ छात्र हैं।'

मोहिउद्दीन, जोकि परिवार के *वीणा* वादक हैं, कुछ समय पहले ही सिएटल विश्वविद्यालय से लौटे, जहाँ उन्होंने वीणा की ध्वनि सुधारने का प्रयास किया था, जिसके कारण उन्होंने सांस्कृतिक दुनिया में बहुत नाम कमाया। उनके अनुसार इसका

ऊपर बाएँ से दाएँ: *फरीदुद्दीन, फैयाज़ुद्दीन, प्रकाश सुराणा, सुश्री विनय बहल और नफीसुद्दीन, जयपुर, 1983*

ऊपर दाएँ: *भारत में क़तर के राजदूत, डॉ. हसन अल निमा डागर परिवार के संगीत का आनंद लेते हुए, 1983*

मूल कारण यह है कि, 'यदि वीणा का तार और चौड़ा हो, पहली दो अंगुलियों के केवल नाख़ून से उपयोग हो सकता है। तब संतोषजनक परिणाम अवश्य मिलेगा।'

मुझे अभी भी याद है कि जब उनके बड़े दो भाइयों से मेरी बातचीत हो रही थी, छोटे डागर भाई शांत बैठे हमारी बातचीत सुन रहे थे। यह उनकी *तहज़ीब* थी कि जब मैंने बड़े भाइयों से बात की, उसके बाद ही मैंने तीनों छोटे भाइयों की तरफ रुख किया। उस यादगार दोपहर मैंने ज़हीरुद्दीन और फैयाज़ुद्दीन की *जुगलबंदी* और

मंच पर अपने भाई को याद करते हुए अमीनुद्दीन।

सामने का पृष्ठ:
नीचे: *ध्रुपद समारोह में खचाखच भरा हॉल. चित्र में क़तर के राजदूत डॉ. हसन अल निमा भी दिखाई दे रहे हैं, जयपुर, 1983*

साथ में जयपुर निवासी फहीमुद्दीन से करीब चार घंटे बातचीत की! हमारी बातचीत के दौरान फहीमुद्दीन की पत्नी, नहीद हमारे साथ आकर बैठीं, और अपने परिवार के बारे में बताया, 'मैं एक *मौलवी* की बेटी हूँ। शुरू में मैं "आ,आआ,आआआ" भी नहीं समझ पाती थी, लेकिन आज मैं घंटों *तानपुरा* बजा सकती हूँ।'

ज़हीरुद्दीन, फैयाज़ुद्दीन और फहीमुद्दीन डागर से मेरी बातचीत के कुछ अंश:

आपके अनुसार संगीत की परिभाषा क्या है?

संगीत एक भाषा है, जिसकी अनेक ध्वनियाँ हैं जैसे 'सा, रे, गा, मा जोकि उसकी वर्णमाला जैसे हैं। इन सुरों के द्वारा लोग अपनी भावनाएं व्यक्त करते हैं। एक संगीतकार कई अनुभव करता है; और संगीत इसकी अभिव्यक्ति है। लेकिन इसके लिए बहुत *साधना* करनी पड़ती है, जो कि कई वर्षों के निरंतर अभ्यास से हासिल होती है।

अपने 30 के दशक के शुरुआती वर्षों में डागर बन्धु।

ध्रुपद कला में सबसे अलग या विशेष बात क्या है?

ध्रुपद कला शास्त्रीय संगीत की सबसे पुरानी कला है जो कि 15वीं शताब्दी से प्रचलित है जब एक डागर मुग़ल बादशाह अकबर के दरबार में संगीतकार थे। यह कला आज भी जारी है, और इसका संगीत आश्चर्यचकित करने वाला है। यह एक जारी परम्परा है जिसकी मूल शैली में बदलाव नहीं आया है, हालाँकि सबकी अपनी विशेषताएं जरूर इसमें जुड़ जाती हैं।

क्या आपके व आपके भाइयों से ध्रुपद सीखना बहुत महंगा नहीं होता? एक आम भारतीय कैसे इसका खर्चा उठा सकता है?

जो शिष्य इसका खर्च नहीं उठा सकते, हम उनसे कुछ नहीं लेते। अमीर एवं संपन्न लोग ध्रुपद केवल फैशन के लिए सीखते हैं, और निर्धन इस कला को सीखने के लिए कठिन प्रयत्न करते हैं। संगीत एक कला है, और हम इस कला को जीवित बनाये रखने का प्रयास कर रहे हैं।

भारत की स्वतंत्रता की पच्चीसवीं वर्षगाँठ पर लाल किले पर डागर बंधु प्रस्तुति देते हुए, 1972 साहिरा और महमूदा तानपुरा पर और पंडित गोपाल दास पखावज पर साथ देते हुए और पास में बैठे हुए नन्हे वसीफुद्दीन।

यह सब आप कैसे कर रहे हैं?
हमने अपने सारे कार्यक्रमों को कैसेट में रिकॉर्ड कर लिया है। हमने अपनी ओर से 300 कैसेट बनाये हैं, और 1963 से हमने कई संगीत-समारोहों का निःशुल्क आयोजन किया है।

आपका संगीत धार्मिक है। क्या धर्म की भी इसमें कोई भूमिका है?
जी हाँ, धर्म की भी इसमें एक भूमिका है, लेकिन हमारे लिए धर्म ही 'सत्य' है। चूंकि हमारा संगीत धार्मिक है, हमें स्वयं को आध्यात्मिक रूप से साफ़ रखना पड़ता है। हमारे लिए यह करना अनिवार्य है, क्योंकि यदि हम अपने मार्ग से विचलित होने लगेंगे, तो भला हम ईश्वर के लिए कैसे गा सकेंगे!

ज़हीरुद्दीन एवं फैयाज़ुद्दीन जुगलबंदी में गाते हैं। आपने इस अंदाज़ को ही क्यों चुना? क्या यह अन्य अंदाजों से अधिक पेचीदा नहीं है?

तानसेन समारोह, ग्वालियर में वसीफुद्दीन. साथ में तानपुरा बजाते लॉरेंस बस्तीट और मोहि्सनुद्दीन।

नहीं, पेचीदा नहीं है, बल्कि यह केवल तालमेल की बात है, जो हममें बचपन से ही बहुत अच्छी थी। *जुगलबंदी* के अनेक फायदे हैं, जैसे कि, यदि किसी एक की मनोदशा सही नहीं हो, तो दूसरा उसकी पूर्ति कर देता है।

क्या होता है अगर दोनों ही भाइयों की मनोदशा अच्छी नहीं हो?
तानपुरे की आवाज़ से नशा-सा आ जाता है। इसकी आवाज़ से पूर्ण विश्राम का आभास होता है। एक किस्सा है जो हम सदैव याद रखेंगे- हमारे काका- रहीमुद्दीन डागर को दिल का दौरा पड़ा और हम सब पूरी रात चिंता में जगे थे। अगले दिन हमें एक प्रतिष्ठित समारोह में अपना कार्यक्रम प्रस्तुत करने जाना था। हमें डर था कि हमारे लिए उस दिन कार्यक्रम देना कठिन होगा, लेकिन जैसे ही हम मंच पर उतरे, तानपुरे की आवाज़ ने हमारी सारी उत्कंठा मिटा दी और हमारी प्रस्तुति लाजबाब थी। संगीत *एक ताकत है, सब भुला देती है*।

कार्यक्रम के दिन आप किस प्रकार की तैयारी करते हैं?
हम सवेरे से एकांत में रहते हैं, और *सुख में* रहते हैं। फिर कार्यक्रम के दौरान हम सब भुला कर, सिर्फ गाते हैं। हम ध्रुपद *में डूब जाते हैं*।

अपने शिष्यों के विषय में कुछ बताइए।

हमारे शिष्य समाज के सभी वर्गों से आते हैं। अब एक नया दौर आया है जहाँ नई दिल्ली में बसने वाले परदेसी भी ध्रुपद सीखने में रुचि लेने लगे हैं। कुमारी लॉरेंस बस्तीट, जो जवाहरलाल नेहरु विश्वविद्यालय में पढ़ाती हैं, ध्रुपद सीखने के लिए रोज यहाँ आती हैं। बेल्जियम दूतावास के सांस्कृतिक अटैशे पिछले ग्यारह वर्षों से हमसे शिक्षा ले रहे हैं; और, हमारे एक फ्रेंच शिष्य, रॉबर्ट अड्डा ने हाल ही में ध्रुपद की एक प्रस्तुति दी है। इसके अलावा हमारे पास लगभग सात भारतीय विद्यार्थी नियमित रूप से आते हैं। इंडियन इंस्टीट्यूट ऑफ़ टेक्नोलॉजी की सह-प्राध्यापिका, किरण सेठ हमारी सबसे होनहार एवं समर्पित शिष्या हैं।

ऊपर: *एक शिष्य के घर पर महमूदा और फैयाज़ुद्दीन, नई दिल्ली।*

नीचे: *बाएँ से दाएँ: ध्रुपद समारोह, नई दिल्ली में डॉ. रोमिला थापर का उदघाटन भाषण सुनते हुए फैयाज़ुद्दीन, तत्कालीन दिल्ली के उप-राज्यपाल मोहन एम. के. वली, अमीनुद्दीन, फहीमुद्दीन और ज़हीरुद्दीन, 1985*

महरौली पार्क, नई दिल्ली में तानपुरा बजाते हुए ज़हीरुद्दीन फोटो: पुनीत नंदा।

क्या आप अपने कार्यक्रमों के कुछ अच्छे या बुरे अनुभव हमारे साथ बाँटना पसंद करेंगे?

जैसा कि आपको ज्ञात होगा कि ध्रुपद की प्रस्तुति दो तरीकों से की जाती है- *आलाप*, जो स्वतंत्र लय में गाया जाता है, और *पद*, जो मुख्य रूप से तालबद्ध कविता है, और दो-सिरे *पखावज* के साथ गाया जाता है। नई दिल्ली में एक कार्यक्रम के दौरान, जहाँ अधिकतर विदेशी श्रोता थे, हमें *आलाप* के बाद बहुत सराहना मिली, लेकिन तभी अचानक 75 प्रतिशत श्रोता वहाँ से उठ कर चले गए। तब हमें बेहद खराब लगा, पर हमें अपना कार्यक्रम तो जारी रखना था। बाद में हमें पता चला कि यू. एस. दूतावास के किसी कर्मचारी का तबादला हो गया था और अधिकांश श्रोताओं को उनके विदाई भोजन पर जाना पड़ा था।

जयपुर में 1980 के आरम्भ में एक और वाक्या हुआ। राजस्थान पर्यटन ने रविन्द्र मंच में ध्रुपद का एक कार्यक्रम आयोजित किया, जो सबके लिए खुला था। वहाँ के श्रोता हमारे संगीत, हमारी कला को समझने में पूर्ण रूप से असफ़ल रहे। हम *आलाप* नहीं कर सके, और हमें बिलकुल अच्छा नहीं लगा। जब हम गाते हैं, तो

एकाग्रचित्र होने के लिए हम अपनी आँखें बंद कर लेते हैं। उसी समय वहाँ के श्रोता चिल्लाने लगे- '*अरे आँखें तो खोल*'! वे शास्त्रीय संगीत को सराहने में असमर्थ थे और पूरे कार्यक्रम के दौरान खिल्ली उड़ाते रहे।

जब आप बाहरी देशों में कार्यक्रम करने जाते हैं, तो आपको कितना पारिश्रमिक दिया जाता है?
ओह, (कुछ झिझक के बाद)... केवल पंडित रवि शंकर के बाद।

विदेशी श्रोता आपके संगीत को किस प्रकार सराहते हैं?
वे कहते हैं कि हमारा संगीत उन्हें सुकून देता है। हमारे कार्यक्रमों के दौरान वे आँखें बंद कर, घंटों तक मग्न-मुग्ध होकर बैठे रहते हैं।

एक ही कार्यक्षेत्र में आप सात भाई हैं। किसी प्रकार की पेशेवर प्रतिद्वंद्विता?
नहीं, बिलकुल नहीं। हम सब की एक अलग पहचान है। हममें कोई क्लेश नहीं, क्योंकि हमें इसी तरह से पाला गया है। हालाँकि हमारी उम्र में अधिक अंतर नहीं है, हमें शुरु से बड़ों का आदर करना सिखाया गया है।

ज़हीरुद्दीन साहिब, आपने शादी क्यों नहीं की?
मैंने अविवाहित जीवन को चुना- मैंने कई पति-पत्नियों को लड़ते-झगड़ते देखा है, क्योंकि पति संगीत में डूब जाते हैं और अपने बीवी-बच्चों की परवाह नहीं करते। फैयाज़ खुशनसीब है कि उसकी पत्नी बहुत समझदार एवं सहयोगी है। हम कई महीनों तक बाहर रहते हैं, और वह अकेले पूरा घर-बार संभालती है।

क्या भारतीय सरकार ने आपकी कला को प्रोत्साहन दिया है?
नहीं... हमने ध्रुपद आश्रम बनाने के लिये ज़मीन माँगी थी, पर अभी तक उसका कुछ नहीं हुआ। हम इसे *गुरु-शिष्य परंपरा* के अनुसार बनाना चाहते थे, क्योंकि ध्रुपद में कुशलता प्राप्त करने के लिए लगभग 14 घंटे रोजाना रियाज़ करना पड़ता है।

फैयाज़ुद्दीन ने कुछ कटुता से कहा, '*मैं* सैल्यूट *नहीं मारता* हूँ, तो मुझे अपनी रोज़ी-रोटी कमाने के लिए संघर्ष करना पड़ता है। मैंने पहले अपने पिता को रोज संघर्ष करते देखा था, और उसी संघर्ष में वे गुजर भी गए। कलाकारों के प्रति ऐसे बर्ताव से मैं बहुत नाखुश हूँ।'

एक महान दिग्गज का देहांत

मैंने डागर भाइयों से हमेशा संपर्क बनाए रखा। फरवरी 1989 में फैयाज़ुद्दीन साहब की अकाल मृत्यु के बाद मैं उनके घर में ही थी। तब तक वे एशियाड विलेज कॉम्प्लेक्स में रहने लगे थे। उनका घर उनके प्रशंसकों एवं विद्यार्थियों से भर गया था, जो अपने गुरु एवं एक महान संगीतकार को श्रद्धांजलि अर्पित करने आये थे, जिन्होंने 15 सदी की डागर परंपरा को जीवित बनाये रखने का कठिन प्रयास किया था।

डागर भाइयों के प्रति सबका सम्मान उस दिन झलक रहा था। उनके परिवार के काफी सदस्य उस दिन मौजूद थे। ज़हीरुद्दीन- जो फैयाज़ुद्दीन के सबसे करीब थे और उनके साथ *जुगलबंदी* किया करते थे, बहुत टूटे हुए और विचलित थे। उन्होंने कहा- 'हम दो शरीर पर एक ही आत्मा थे। पर *अब जो खुदा को मंज़ूर हो, उसके आगे क्या करें!*'

ज़हीरुद्दीन के अनुसार, हालांकि उनमें और फैयाज़ुद्दीन की उम्र में सिर्फ दो वर्ष का ही अंतर था, बचपन से ही उनके बीच एक अनमोल रिश्ता था: 'मुझे आज भी याद है कि जब मैं सिर्फ सात साल का था, हम दोनों के पास विद्यालय ले जाने के लिए एक ही पेन्सिल थी। पूरे घर में केवल एक ही पेन्सिल थी, तब हमारी माँ ने उसे तोड़ कर उसके दो भाग कर दिए। मैं छोटा हिस्सा नहीं लेना चाहता था और नखरे कर रहा था। फिर मेरी माँ की कही बात ने मेरे पूरे नज़रिये को ही बदल डाला। उन्होंने मुझसे कहा- "*तुम अपने भाई के लिए एक छोटी सी बात नहीं कर सकते हो? तुम्हें तो अपना सब कुछ भाई को देना चाहिए।*"

'उनकी बातों का मुझपर ऐसा प्रभाव पड़ा, कि उसके बाद मैंने कभी मुड़ कर नहीं देखा। हम हमेशा साथ रहा करते थे, साथ में रियाज़ करते थे, एक-जैसा या कभी-कभी एक ही पोशाक पहनते थे। हमने अपनी कमाई, पैसे भी एक-दूसरे के साथ बाँटे; और 1963 से हजारों कार्यक्रम एक साथ किये। फैयाज के विवाह के उपरान्त भी हमें कोई तकलीफ नहीं हुई, क्योंकि खुशकिस्मती से महमूदा बहुत

सामने का पृष्ठ:
फैयाज़ुद्दीन के लिए धर्म ही सत्य था।

ऊपर बाएँ से दाएँ: वसीफुद्दीन, जावद अली खान, फहीमुद्दीन, पाकिस्तान से फ़तेह अली खान, अनीता सिंह, असद अली खान, मजहर अली खान और एक मित्र

सामने का पृष्ठ:
ऊपर: *मुंबई स्थित सुर सिंगार संसद के संस्थापक, पंडित बृज नारायण ज़हीरुद्दीन और फैयाज़ुद्दीन का परिचय देते हुए; पंडित शंकर राव शिंदे पखावज पर हैं, 1960 के दशक के मध्य में।*

नीचे: *संगीत के कमरे में आराम फरमाते हुए डागर बंधु।*

समझदार हैं। उन्होंने पूरे परिवार की ज़िम्मेदारी ले ली जिसके कारण हम घंटों *रियाज़* कर पाते थे और संगीत पर ध्यान दे पाते थे। एक समय था जब हम कार्यक्रमों के लिए घर से दस-दस महीनों तक दूर रहते थे, और तब महमूदा ख़ुशी से पूरे घर का भार संभालती थीं।'

ज़हीरुद्दीन के अनुसार उनकी *जुगलबंदी* इसलिए इतनी कामयाब रही, क्योंकि 'बचपन से ही हमारा तालमेल बहुत अच्छा था और *जुगलबंदी* में तालमेल का होना बहुत ज़रूरी है। इसके कुछ नियम हैं और इसमें सहयोग ज़रूरी है। हमारे लिए ध्रुपद एक *जुनून* है। ध्रुपद के प्रति हमारे अत्यधिक आकर्षण को समझाना कठिन है।'

डागर भाइयों की सादगी और आध्यात्मिकता सदैव प्रशंसनीय रही है। फैयाज़ुद्दीन ने एक बार मुझे कहा था, 'धर्म ही सच्चाई है। यदि आप भीतर से सच्चे नहीं होंगे, तो बाहर से सच्चाई कैसे दिखेगी? हमारा संगीत धार्मिक एवं रूहानी है, इसलिए हमारे लिए अनिवार्य है कि हम अपने प्रति सच्चे बने रहें और सादगी से जीवन व्यतीत करें। अल्लाह *का करम* है, हम सादगी से जीवन जी रहे हैं, और *हमारे तौर- तरीके ठीक* हैं।'

डागर भाइयों की विनम्रता इस उदास मौके पर झलक रही थी। *वीणा* वादक उस्ताद असद अली खान ने कहा, 'हमारे परिवार एक-दूसरे को पीढ़ियों से जानते हैं,

ऊपर बाएँ: बाएँ से दाएँ: *सईदुद्दीन, ज़हीरुद्दीन, फहीमुद्दीन, पवन जैन, अमीनुद्दीन, मोहिउद्दीन, फरीदुद्दीन, फैयाज़ुद्दीन और फोटोग्राफर अश्विनी कुमार, जयपुर, 1983*

ऊपर दाएँ: बाएँ से दाएँ: *एक रिसेप्शन में मोहिउद्दीन, अमीनुद्दीन, तत्कालीन एयर चीफ मार्शल ओ. पी. मेहरा, ज़हीरुद्दीन, फरीदुद्दीन और फैयाज़ुद्दीन, जयपुर, 1983*

बाएँ: बाएँ से दाएँ: *जयपुर ध्रुपद समारोह के समापन के अवसर पर पुनीत जैन, एक शिष्य, फैयाज़ुद्दीन, चंद्रशेखर नारेंग्रेकर, ज़हीरुद्दीन और फहीमुद्दीन, 1984*

सामने का पृष्ठ:
ऊपर: *नेपाल नरेश व महारानी के साथ डागर बंधु, काठमांडू, 1977*

बीच में: *प्रख्यात ओडिसी नृत्यांगना सोनल मानसिंह के साथ नेपाल में डागर बंधु, 1977*

नीचे: *जयपुर ध्रुपद समारोह के उद्घाटन के अवसर पर बाबा बहराम खान के चित्र के चित्रकार गोपाल पुरोहित और हरिकिशन के साथ अमीनुद्दीन, ज़हीरुद्दीन और फैयाज़ुद्दीन, 1983*

और हम इतने घनिष्ठ हैं कि हर *ग़म* या *ख़ुशी* में एक-दूसरे के साथ रहते हैं। धन्दार घराने से मेरे पिता और दादा डागर घराने के बहुत करीब थे, फैयाज़ुद्दीन मेरे भाई जैसे थे। हम न केवल एक साथ कार्यक्रम करते थे, बल्कि हमने साथ में संघर्ष के दिन भी देखे थे। 1970 के दशक में जाकर ही ध्रुपद को सही मायने में मान्यता प्राप्त हुई, और इसका श्रेय ज़हीरुद्दीन एवं फैयाज़ुद्दीन को जाता है। सभी डागर भाई फिर भी बहुत ही सरल, विनम्र एवं अभिमानरहित हैं।'

'मैं जयपुर में थी जब मुझे उनके देहांत का पता चला,' सोनल मानसिंह ने कहा। 'यह इतना अकस्मात् था कि मुझे इस बात से घोर सदमा पहुँचा। पर मेरा यह मानना है कि यदि आपकी आकस्मिक मृत्यु होती है, तो आप बहुत खुशनसीब हैं। और मेरा यह भी दृढ़ विश्वास है कि एक सच्चे और अच्छे व्यक्ति को ही ऐसी मृत्यु आती है, और उन्हें दर्द या किसी प्रकार की बीमारी से पीड़ा नहीं मिलती। फैयाज़ुद्दीन डागर

ऊपर बाएँ: ध्रुपद की संकल्पना समझाते हुए वसीफुद्दीन।

ऊपर दाएँ: संगीत में तल्लीन वसीफुद्दीन फोटो: विकास फेंदनी।

सामने का पृष्ठ: *रियाज़ुद्दीन, स्टूडियो में लिया फोटो।*

न केवल ध्रुपद कला के प्रतिपादक थे, वे एक निर्मल और शांत स्वभाव के व्यक्ति भी थे।'

'मेरे *अब्बा*, हाफिज अली खान, फैयाज़ुद्दीन के *अब्बा* नसीरुद्दीन डागर साहिब के मित्र थे, और *उनके आलाप की बहुत तारीफ करते थे*', उस्ताद अमजद अली खान ने यादों को ताजा करते हुए कहा। 'करीबन 20 से 25 वर्ष तक डागर परिवार दिल्ली में हमारे पड़ोसी थे। हम पहले कुटियों में रहते थे, जहाँ अब कमानी ऑडिटोरियम और रबिन्द्र भवन हैं, और फिर सभी डागर निजामुद्दीन में बस गए। जब मैं स्कूल जाने वाला बालक था, मैंने सबसे ज्येष्ठ डागर भाई, स्वर्गीय मोईनुद्दीन खान से ध्रुपद संगीत की शिक्षा ली। इसी प्रकार डागर *खानदान* से मेरी पहचान हुई और फैयाज़ुद्दीन भाई मेरे भाई के समान थे। हम बहुत घनिष्ठ थे और वे एक बहुत स्नेही व्यक्ति थे।'

पूर्व डागर महारथी उस्ताद रियाजुद्दीन डागर ने काफ़ी समय पूर्व, 1940 के दशक में गौर फ़रमाया कि ध्रुपद के अनुवाद एवं ध्वनि की सच्चाई में समानता है '*जिसका जितना ईमान सच्चा, उसका उतना स्वर अच्छा।*' वसीफुद्दीन जी के मार्गदर्शी सिद्धांत बिलकुल साफ़ थे। वे कहते थे- 'मैं सबसे जूझ सका हूँ, क्योंकि हमारा सूफी सिद्धांत पर पूर्ण विश्वास है, जिसमें हम सब कुछ अल्लाह के हवाले कर देते हैं। संगीत सब कुछ संभालने की क्षमता रखता है- सभी दर्द, आवेग और निजी विप्लव भी। आप संगीत में खो जाते हैं।'

इसी संगीत के बजते हुए हम सबने इस दुःखद अवसर पर, ध्रुपद के एक दिग्गज को श्रद्धांजलि अर्पित की।

समय का व्यतिक्रम

यादें अच्छे और बुरे दोनों दिनों की होती हैं। कुछ दशक पूर्व यह घर सात डागर भाइयों से भरा था। कई बार वे सभी निजामुद्दीन के छोटे से घर में एकत्रित होते थे। उनमें से तीन- ज़हीरुदीन, सईदुद्दीन और फैयाज़ुद्दीन इधर अपने परिवार के साथ रहते थे। फैयाज़ुद्दीन और सईदुद्दीन अपने बीवी-बच्चों के साथ रहते थे, जबकि ज़हीरुद्दीन ने कभी शादी नहीं की। अन्न चार भाई- अमीनुद्दीन, फहीमुद्दीन, फरीदुद्दीन और मोहिउद्दीन जहाँ भी होते, यहाँ आकर बाकी परिवार से आकर मिला करते थे। इन्हें साथ देखने में बहुत आनंद आता था, क्योंकि वे सभी एक-दूसरे के बहुत करीब थे। स्वर्गीय फैयाज़ुद्दीन जी के पुत्र वसीफुद्दीन और उनकी चार बहनें- नीलोफर, मुशर्रत, साफिया और क़मर, साफिया के तीन पुत्रों- हुरमत, बरकत और मुनीब के संग अब दिल्ली में रहते हैं।

मैं डागर परिवार से नियमित रूप से मिलने लगी। उनमें से 2014 की तीन शामें मेरे लिए बहुत यादगार के पल हैं।

21 और 22 फरवरी: डागर परिवार ने इंदिरा गाँधी नेशनल सेंटर फॉर दी आर्ट्स में दो दिन का कार्यक्रम प्रस्तुत किया था। उस कार्यक्रम के लिए, 70 वर्ष से अधिक, डागर परिवार के एकमात्र वरिष्ठ जीवित सदस्य, सईदुद्दीन डागर, अपने दोनों पुत्रों- नफीसुद्दीन एवं अनीसुद्दीन के साथ, इस अवसर पर ख़ास तौर पर पुणे से आये थे। उनके दर्शकों में उनके कई फ्रेंच विद्यार्थी भी थे- और कई लोग फ्रांस से केवल उनके साथ *रियाज़* करने के लिए आये थे और दिल्ली के अलग-अलग अतिथिगृहों में ठहरे थे। कार्यक्रम के बाद हम सब भोजन एवं अनौपचारिक मिलन के लिए वसीफुद्दीन जी के एशियाड विलेज घर में गए। उनके घर का माहौल बहुत खुशनुमा था, और मुझे उनके फ्रेंच विद्यार्थियों से मिलने का मौका प्राप्त हुआ- मिशेल डेहोकी, जेरोम कॉर्मियर, ब्रिगिट पीटरफल्वी इत्यादि, और कई अन्य भारतीय शिष्य भी वहाँ मौजूद थे।

सामने का पृष्ठ:
पखावज वादक लक्ष्मी नारायण पवार व नीलोफर के साथ एफिल टॉवर पर डागर बंधु, पेरिस, 1981

ऊपर बाएँ से दाएँ: *आराम के मूड में विनय बहल (एक शिष्य), महमूदा, लॉरेंस बस्तीट, फैयाज़ुद्दीन और सईदुद्दीन*

बीच में बाएँ से दाएँ: *फैयाज़ुद्दीन, पंडित गोपाल दास, असद अली खान, फहीमुद्दीन, अमीनुद्दीन, मोहिउद्दीन, ज़हीरुद्दीन और सुरबहार वादक चंद्रशेखर नारेंग्रेकर, नई दिल्ली, 1986*

नीचे बाएँ: *तानपुरा बजाते हुए बरकत अली खान, इंडिया इंटरनेशनल सेंटर, नई दिल्ली।*

नीचे दाएँ: *बहाउद्दीन: बाद की पीढ़ी डागर परंपरा को बनाए रखने को आश्वस्त करते हुए।*

सामने का पृष्ठ:
ऊपर बाएँ: *रियाज़ करते हुए फरीदुद्दीन।*

ऊपर बीच में: *गाते हुए फरीदुद्दीन।*

ऊपर दाएँ: *सईदुद्दीन, एक पोर्ट्रेट फोटो: अश्विनी कुमार।*

बीच में बाएँ: *पुणे स्थित अपने निवास पर अपने तानपुरा को सही करने में तल्लीन सईदुद्दीन।*

बीच में दाएँ: *पुणे स्थित अपने परिवार के साथ सईदुद्दीन- नफीसुद्दीन, अनीसुद्दीन और रेहाना, 2011 फोटो: नीलेश काले।*

नीचे बाएँ: बाएँ से दाएँ: *बकिंघम पैलेस, लन्दन के सामने मुसर्रत, नीलोफर, वसीफुद्दीन, क़मर, महमूदा, साफिया और फैयाज़ुद्दीन, लंदन, 1981*

नीचे दाएँ: *अपने परिवार के साथ फैयाज़ुद्दीन, ट्राफलगर स्क्वायर लन्दन, 1981*

ऊपर बाएँ: *फहीमुद्दीन हमेशा अपनी भावनाओं को संगीत के माध्यम से व्यक्त करने में विश्वास करते थे।*

ऊपर दाएँ: *फहीमुद्दीन और सईदुद्दीन साथ गाते हुए; डागर बंधु ध्रुपद में दिव्यता को दर्शाते हुए।*

नीचे बाएँ: *वसीफुद्दीन को आशीर्वाद देते हुए फहीमुद्दीन; पखावज बजातो मोहन श्याम शर्मा, तानपुरा बजाते नफीसुद्दीन और अनीसुद्दीन, जयपुर।*

नीचे दाएँ: *ध्रुपद सोसायटी के लिए फहीमुद्दीन का अंतिम संगीत कार्यक्रम, इंडिया इंटरनेशनल सेंटर, नई दिल्ली, 2010*

सामने का पृष्ठ:
ऊपर बाएँ: बाएँ से दाएँ: *रेहाना, ज़हीरुद्दीन, विनय बहल, महमूदा और एनी मॉन्टौट एक खुशी के मौके पर साथ।*

बीच में बाएँ: *शाही मस्जिद, लाहौर के सामने वसीफुद्दीन के साथ ज़हीरुद्दीन, 1989*

नीचे बाएँ: *ज़हीरुद्दीन, फैयाज़ुद्दीन और लॉरेंस बस्तीट के साथ अमीनुद्दीन का जन्मदिन मनाते हुए, नई दिल्ली।*

ऊपर दाएँ: *अमीनुद्दीन और ज़हीरुद्दीन: डागर परिवार में बहुत घनिष्ठता है*

ऊपर से दूसरा दाएँ: *अमीनुद्दीन और फैयाज़ुद्दीन।*

ऊपर से तीसरा दाएँ: *नीलोफर, क़मर, मुशर्रत और वसीफुद्दीन के साथ मस्तान बाबा, नई दिल्ली, 1995*

नीचे दाएँ: बाएँ से दाएँ (खड़े हुए): *पंडित गोपाल दास, ज़हीरुद्दीन, असद अली खान, फैयाज़ुद्दीन और एक दोस्त (बैठे हुए): साजिद, वसीफुद्दीन और नाहिद को गोदी में लिए हुए शमीम अख्तर, साहिरा, महमूदा और नाज़नीन।*

इकबाल खान नामक उनके एक शिष्य, जो जयपुर के रहने वाले थे, के साथ हुई मुलाकात भी मुझे याद है। वे डागर परिवार के बहुत करीब थे। मुझे गुड़गाँव तक छोड़ने तीन डागर विद्यार्थी आये थे- गोपेश गौड़, उनकी पत्नी आरती, और उनके बड़े भाई नरेंद्र। अगले दिन, 22 फरवरी को भी हमने वही किया- वसीफुद्दीन साहब को सुनने के बाद हम परिवार सहित उनके घर गये।

फिर वह दुखद दिन आया, 14 जून, 2014, जब मैं इस किताब को पूरा करने में लगी थी और इस पांडुलिपि को अंतिम रूप दे रही थी। तभी खबर मिली कि वसीफुद्दीन की माँ, महमूदा बेगम अब नहीं रहीं।

तीन दशक पहले, शास्त्रीय ध्रुपद परंपरा के इतिहास के बारे में जानने के लिए सबसे पहली बार मैं डागर बंधुओं के साधारण घर में गई थी। बगल की रसोई से ध्यान भटका देने वाली *कोरमा* की खुशबू सब जगह फैली हुई थी। मुझे याद है कि फैयाज़ुद्दीन ने बताया था कि उनकी पत्नी और बेटियाँ परम्परागत तरीके से खाना बनाना पसंद करती थीं। उस दोपहर मैं उनकी पत्नी महमूदा, बेटे वसीफुद्दीन और चार बेटियों नीलोफर, मुशर्रत, साफिया और क़मर से मिली। वह मुझे एक बहुत खुशनुमा परिवार लगा। यह भी साफ़ दिखाई दे रहा था कि महिलायें उस घर की रीढ़

ऊपर बाएँ: अपनी माँ, महमूदा के साथ वसीफुद्दीन, बर्लिन।

ऊपर दाएँ: बाएँ से दाएँ: वसीफुद्दीन, साफिया, नीलोफर, शमा और क़मर, नई दिल्ली, 1981

थीं; उनकी उपस्थिति बहुत ही विलक्षण लेकिन ताकतवर तरीके से मालूम होती थी। वे घर में शास्त्रीय संगीतकारों के पनपने के लिए जरूरी माहौल बनाए रखती थीं। वास्तव में डागर परिवार की महिलाएं *तानपुरा* बहुत ही कोमलता से पार्श्व में बजाती हैं। मैंने उन्हें पहले भी ध्रुपद संगीत समारोहों में स्टेज पर यह वाद्य बजाते देखा है।

विगत वर्षों में, सबसे छोटी बहन क़मर ने कैलीग्राफी करना शुरू किया। पहले तो यह एक शौक की तरह शुरू हुआ और धीरे-धीरे एक जुनून में तब्दील हो गया। क़मर याद करती हैं कि, 'बरसों पहले जब मैं स्कूल में ही थी, पिताजी हमारे लिए फ्रांस से हसन महमूदी की कैलीग्राफी पर एक किताब लाए थे। पता नहीं कैसे उस किताब में दिए हुए कैलीग्राफी चित्रों ने मेरे जेहन पर बहुत असर डाला और मैं उन की नक़ल करने में जुट गई।' 'हमारे परिवार के *पीर* साहिब स्वर्गीय अमीर अब्दुल्ला खान भी बहुत प्रेरित करते थे। तब से मैंने पीछे मुड़कर नहीं देखा। मैं अपने काम में अलग-अलग लिपियों के अक्षरों का इस्तेमाल करती हूँ- अरबी, संस्कृत, उर्दू और हिंदी। मैं कैलीग्राफी में तरह-तरह के मीडियम भी इस्तेमाल करती हूँ, चाहे वह पारंपरिक *कलम* हो या आज का पेन। मैं केवल काली स्याही ही नहीं इस्तेमाल करती, बल्कि कई रंगों और तकनीकों का मिश्रण भी इस्तेमाल करती हूँ। जब भी

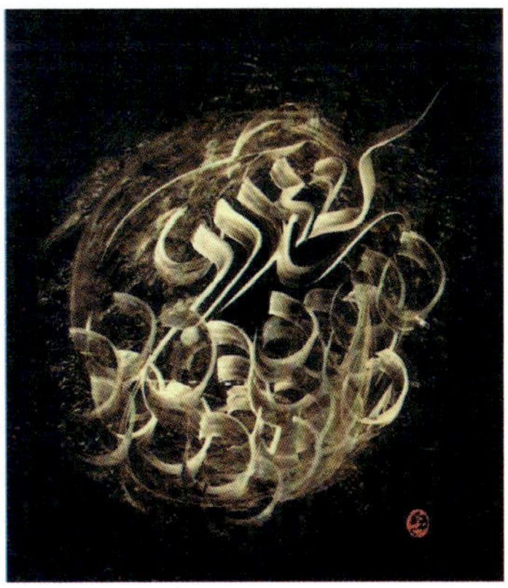

ऊपर बाएँ: फैयाज़ुद्दीन को संगीतमयी श्रद्धांजलि देने के बाद इंडिया इंटरनेशनल सेंटर के प्रकोष्ठ में मुशर्रत और निखत खान के साथ महमूदा।

ऊपर दाएँ: वसीफुद्दीन की एक शिष्या, कृति महाजन के साथ महमूदा, इंडिया इंटरनेशनल सेंटर, नई दिल्ली, 2011

बीच में: एकदम बाएँ से दक्षिणावर्ती: खानसामा बाबू भाई, सईदुद्दीन, अलीमुद्दीन, डॉ.दीपू मोनी, बांग्लादेश के विदेश मंत्री, वसीफुद्दीन, नियाज़, अनीसुद्दीन, अंजुम अली खान, क़मर, और महमूदा, डागर हवेली, जयपुर।

नीचे बाएँ: महिला अंतर्राष्ट्रीय क्लब के लिए एक सुलेख कार्यशाला का आयोजन करती हुई क़मर, नई दिल्ली, 2014

नीचे दाएँ: 'ज़ाहिर' शीर्षक से क़मर द्वारा सुलेख।

ऊपर बाएँ: *मुहर्रम के अवसर पर अमीनुद्दीन, ज़हीरुद्दीन, सईदुद्दीन और वसीफुद्दीन, जयपुर*

ऊपर दाएँ: *मुहर्रम के दौरान हलीम हिलाते हुए, जयपुर, 2002*

बीच में: *बड़े-बड़े देगों में रात-भर पकाने और सुबह हिलाने के बाद हलीम, मुहर्रम के नौंवे दिन, बांटा जाता है, जयपुर, 2011*

नीचे: *मुहर्रम के नौंवें दिन की सुबह में वसीफुद्दीन हलीम हिलाते हुए, जयपुर, 2013*

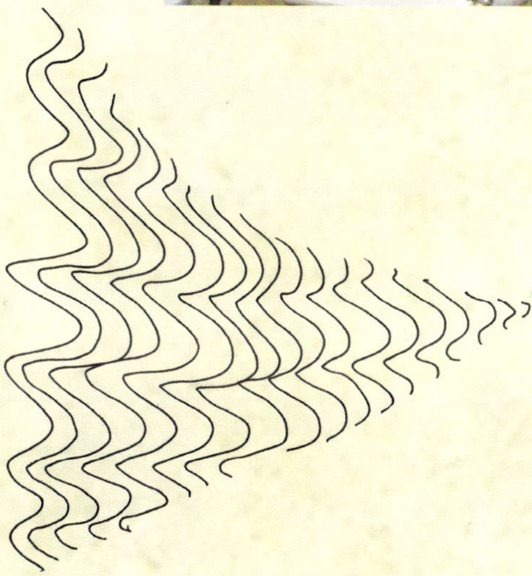

ऊपर दाएँ: *सुलेख लिखने में तल्लीन वसीफ़ुदीन, 2014*

ऊपर बाएँ: तानपुरा की तरह *'अल्लाह' का नाम दिखता हुआ,* वसीफ़ुद्दीन द्वारा सुलेख।

नीचे: *लहरों की तरह दिखने वाली रेखाएं बनाने के बाद, वसीफ़ुद्दीन कहते हैं, 'मेरे लिए यही राग है।'*

मैं घंटों तक कैलीग्राफी नहीं कर पाती, मुझे बहुत बेचैनी होने लगती है; मेरे लिए कैलीग्राफी करना *रियाज़* करने जैसा है- हमेशा किया जाने वाला अभ्यास, और अब तक मैंने 200 से भी ज्यादा कैलीग्राफी की है। कैलीग्राफी की सबसे बड़ी खूबी यही है कि इसे कई शिल्पों में इस्तेमाल किया जा सकता है- कपड़े से लेकर मिट्टी के बर्तन, शादी के कार्ड और किताबों तक में। इसे अलग-अलग मीडियम में भी इस्तेमाल किया जा सकता है- पत्थर, माइका, लकड़ी, कागज़, तरह-तरह के कपड़ों आदि पर। इसकी दूसरी बड़ी खूबी यह है कि इसमें ज्यादा खर्च भी नहीं आता। केवल दो चीजों की जरूरत होती है- स्याही और *कलम*। चीनी कैलिग्राफर हमारी तरह पारंपरिक *कलम* की बजाय ब्रश का प्रयोग करते हैं। इस कला को बढ़ावा देने के लिए और इसकी खोई प्रतिष्ठा को वापस लाने के लिए क़मर ने कलमकारी क्रिएटिव कैलीग्राफी ट्रस्ट की स्थापना की। इसका मकसद उन सभी को इस कला को सिखाना है जो अपनी अभिव्यक्ति के लिए कोई जरिया खोज रहे हैं। उन्होंने इस ट्रस्ट की मदद से कई कैलीग्राफी प्रदर्शनियों का आयोजन किया है। जैसा कि

वसीफुद्दीन द्वारा सुलेख व नोट्स

ऊपर बाएँ: तानपुरा के साथ *वसीफुद्दीन का भतीजा मुनीब, 2003*

ऊपर बीच में: आगे से पीछे: *इल्हाम, अलमास, मुनीब, बरकत और हुरमत, 2006*

ऊपर दाएँ: बाएं से दाएँ: *बरकत, मुनीब, हुरमत, मोह्सिनुद्दीन, लॉरेंस बस्तीट और अलमास, तुगलकाबाद, 2006*

क़मर ने खुलासा किया, 'हमारा मकसद अनेकता में एकता लाना है, पारंपरिक व आधुनिक तरीकों का तालमेल बढ़ाना है व उन लोगों की मदद करना है जो नित नए-नए तरीकों से जनमानस की सोच बदलने का प्रयास कर रहे हैं। आखिर जो आज आधुनिक है कल वही तो पारंपरिक होगा।'

उन्होंने आगे बताया, 'जयपुर के जवाहर कला केन्द्र में मिशेल आर्कमबॉल्ट और मेरी पहली कैलीग्राफी प्रदर्शनी थी।' 'इसके बाद दूसरी प्रदर्शनी इंडिया इंटरनेशनल सेंटर में हुई, जहाँ नौ स्क्रिप्ट को दर्शाते हुए 12 अंतर्राष्ट्रीय कलाकारों के काम को प्रदर्शित किया गया। यह काफी बड़ी प्रदर्शनी थी। हमारी नवीनतम

ऊपर बाएँ: *नाहिद, महमूदा और फहीमुद्दीन।*

ऊपर दाएँ: *घर पर महमूदा।*

ऊपर से दूसरा बाएँ: *महमूदा, फहीमुद्दीन और साहिरा।*

ऊपर से दूसरा दाएँ: *डागर हवेली, जयपुर में आराम फरमाते हुए रेहाना, महमूदा और नाहिद।*

ऊपर से तीसरा बाएँ: *वसीफुद्दीन और परिवार इस्लामिक सेंटर में खाना खाते हुए, नई दिल्ली, 2013*

ऊपर से तीसरा दाएँ: *साफिया के बेटे हुरमत के साथ ज़हीरुद्दीन, मुम्बई, 1990*

नीचे से दूसरा बाएँ: *बाएं से दाएँ: साफिया के बेटे हुरमत के साथ जहीरुद्दीन, मुंबई, 1990*

नीचे से दूसरा दाएँ: *बाएं से दाएँ: मोहसिनुद्दीन को लिए हुए निगर, फैयाज़ुद्दीन, अपने बेटे दानिश के साथ शमा, शमीमुद्दीन और उनके बेटे समीरुद्दीन।*

नीचे बाएँ: बाएँ से दाएँ: *सलीमुद्दीन, यांग चेन (एक दोस्त), वसीफुद्दीन, महमूदा, लॉरेंस बस्तीट और क़मर, नई दिल्ली।*

नीचे दाएँ: बाएँ से दाएँ: *मुशर्रत, नीलोफर, निगार, मोहसिनुद्दीन और महमूदा, नई दिल्ली।*

सामने का पृष्ठ:
बीच में बाएँ: *अपने तीन बेटों के साथ साफिया: मुनीब, बरकत और हुरमत, गार्डन ऑफ फाइव सेंसेस, नई दिल्ली, 2012*

बीच में दाएँ: *अपने परिवार के साथ वसीफुद्दीन, 1990 के दशक के मध्य में*

नीचे बाएँ: बाएं से दाएँ: *बरकत, अलमास, हुरमत, मुनीब, लॉरेंस बस्तीट, वसीफुद्दीन और इलहाम, तुगलकाबाद, 2006*

नीचे दाएँ: बाएँ से दाएँ (सामने की पंक्ति में): *इलहाम, अलमास और अर्शिया; (दूसरी पंक्ति): बरकत, साफिया, निखत, क़मर, मुनीब और सदफ, नई दिल्ली, 2012*

ऊपर बाएँ: *हुरमत को खाना खिलाते हुए सना, साथ में साहिरा और रेहाना खड़ी हैं, नई दिल्ली, 2003*

ऊपर दाएँ: बाएँ से दाएँ: *अलमास, साहिरा, वसीफुद्दीन, महमूदा, सलीम और अंजुम अली खान, नई दिल्ली*

बीच में बाएँ: *नीलोफर, क़मर, महमूदा, फहीमुद्दीन के साथ वसीफुद्दीन, लॉरेंस बस्तीट, मोहसिनुद्दीन और इक़बाल खान, नई दिल्ली।*

बीच में दाएँ: *मुहर्रम के दौरान इमाम बाड़ा कॉलोनी जाते हुए दुआ।*

नीचे: बाएँ से दाएँ (बैठे हुए): *नीलोफर, महमूदा, वसीफुद्दीन, अलीमुद्दीन और मुशर्रत; (खड़े हुए): ताकाशी, मोहसिनुद्दीन, क़मर, नफ़ीसुद्दीन, अनीसुद्दीन और अख्तर अली खान, नई दिल्ली, 2004*

प्रदर्शनी मई 2014 में दी एटिक में लगाई गई जिसमें इस उपमहाद्वीप के सबसे नामी कैलिग्राफर- 85 वर्षीय दिल्ली निवासी मोहम्मद यासीन साहिब के काम को उजागर किया गया।'

क़मर ने जोर देकर बताया कि कैलीग्राफी का उनका जुनून उनकी माँ, बहनों व भाई, वसीफुद्दीन के सहयोग से ही आगे बढ़ सका: 'वे मेरी शक्ति के स्त्रोत हैं और उनकी मदद के बिना मैं इतने एकाग्र तरीके से काम नहीं कर पाती..।'

डागर परिवार के साथ इन 30 सालों के मेल-जोल में मुझे सबसे ज्यादा अचम्भा उनकी जिंदगी के प्रति नजरिये पर होता है। वे रोज स्वीकार करने व लिखे के अनुसार चलने के सूफी नियम के अनुसार जिंदगी जीते हैं। विगत हफ्ते ही, बातचीत के दौरान, मुशर्रत ने यह बात कही: '*वक्त से पहले और नसीब से ज्यादा नहीं मिलेगा*' उनका दूसरा नजरिया है कि, 'पैसा आता-जाता रहता है, लेकिन पारिवारिक सम्बन्ध सबसे पहले हैं।'

ऊपर बाएँ: *क्रिसमस पर घर पर अपने पसंदीदा तोते को खाना खिलाते हुए महमूदा, नई दिल्ली, 2007*

ऊपर दाएँ: *महमूदा के सामने मुशर्रत और साफिया को आशीर्वाद देते हुए ज़हीरुद्दीन, बर्लिन।*

डागर परिवार का ऐसा मानना है कि जिंदगी या नियति जो भी पेश करे विश्वास उसे स्वीकार कर लेना चाहिए। चारों बहनों से बात करने पर उनका यह विश्वास साफ़ झलकता है; उनके साथ बातचीत में वाकई मैंने बहुत कुछ सीखा है। मुझे जान कर अच्छा लगा कि साफिया सामाजिक विषयों पर लिखना चाहती हैं। मैंने इन बहनों को कभी परेशान, गुस्सा या बेताब नहीं देखा। साफिया के मुताबिक इस शांति को शायद शायर निदा फाज़ली के शब्दों में ज्यादा अच्छी तरह बयान किया जा सकता है: *'कभी किसी को मुक्कम्मल जहाँ नहीं मिलता, कहीं ज़मीन तो कहीं आसमान नहीं मिलता...'*

वाकई डागर परिवार की महिलायें बहुत खास हैं और मैं इस किताब को महमूदा के नाम करना चाहती हूँ , जो कि, 14 जून को गुजर गईं। इस खबर को सुनते ही मैं उनके घर दौड़ी गई। शिष्य, दोस्त, परिवार के सदस्य सभी इकट्ठे हो रहे थे; क़मर और लॉरेंस उसी दिन सुबह पेरिस से वापस आईं थीं जहाँ वे वसीफुद्दीन के एक संगीत समारोह के लिए गई थीं। सईदुद्दीन भी पेरिस से वापस आ रहे थे जो वहाँ अपने शिष्यों से मिलने व संगीत कार्यक्रम करने गए हुए थे। वह बहुत तकलीफदेह क्षण था जब उन्हें निजामुद्दीन की कब्रगाह में दफनाने के लिए ले जाया गया। महमूदा बहुत बुद्धिमान व दूरदर्शी थीं और डागर परिवार के लिए शक्ति का संबल थीं। उनके गुजरने से डागर खानदान के अध्याय में एक युग का अंत हो गया।

ताकि विरासत बनी रहे

जैसा कि किसी भी बड़े वंश के सदस्य अच्छी तरह जानते हैं, परंपराएं पीढ़ी-दर-पीढ़ी चलती हैं; साफ़-सुथरे शब्दों में कहें, तो यही प्रयास रहता है कि परम्पराएं चलती रहें। 1989 में वसीफुद्दीन की उम्र केवल 20 वर्ष थी जब उनके पिता फैयाज़ुद्दीन का देहांत हुआ, और उसके पांच वर्षों बाद उनके ताया ज़हीरुद्दीन भी गुजर गए। इससे पूरे परिवार और इस उभरते संगीतकार को बहुत धक्का लगा। वसीफुद्दीन ने बताया, 'मेरे पिता और ताया न केवल मेरे गुरु थे, बल्कि ऐसा लगता था कि उन्होंने मेरे आस-पास एक सुरक्षा चक्र बनाया हुआ था...। मैंने तब तक एक बहुत आश्रित जीवन जिया हुआ था और फिर अचानक ही एक दिन सब कुछ बदल गया। उनकी मौत के बाद मैं केवल इसी बूते सम्भल पाया कि हमारा सूफी दर्शन में बहुत विश्वास है कि सब कुछ खुदा के हवाले कर दो और यह भी कि संगीत में सब समस्याओं का हल हो जाता है- सभी भावनाएं, कष्ट और समस्याएं- संगीत में आप सब कुछ भूल जाते हैं।' अब वे इस दिव्य संगीत की पारिवारिक *परम्परा* को बनाये रखे हुए हैं। और हमेशा की तरह, उनका परिवार बहुत साधारण ढंग से रहता है- कोई शराब नहीं, नौकर-चाकर नहीं, शान-ओ-शौकत से भरी पार्टियाँ नहीं।

उन्होंने बताया, 'मेरा ऐसा मानना है कि हमें सभी ऐबों से खुद को दूर रखना चाहिए। 'मुझे आज के इस आधुनिक माहौल में जीवन बहुत मुश्किल लगता है... मैं धार्मिक हूँ। मैं शराब नहीं छूता और हम बहुत साधारण जीवन जीते हैं। पूरे दिन या तो मैं संगीत का अभ्यास करता हूँ या छात्रों को शिक्षा देता रहता हूँ। और चूंकि मैं हर शिष्य को अलग-अलग शिक्षा देने में विश्वास करता हूँ, उनमें से कुछ को मैं सुबह शिक्षा देता हूँ और शेष को दोपहर बाद से।' संगीत के अलावा मेरे दो और शौक हैं- खेल-कूद, खासकर क्रिकेट और लंबी ड्राइव पर जाना।

सामने का पृष्ठः
ज़हीरुद्दीन की मधुर आवाज़ ने सबको सम्मोहित कर दिया।

ऊपर बाएँ: *वसीफुद्दीन और मोहन श्याम शर्मा के साथ मंच पर ज़हीरुद्दीन।*

ऊपर दाएँ: *वसीफुद्दीन के साथ ज़हीरुद्दीन।*

वसीफुद्दीन से बातचीत के कुछ अंश:

आपने अकेले गाने का निर्णय क्यों लिया, खासकर जब आपके पिता फैयाज़ुद्दीन और उनके भाई ज़हीरुद्दीन हमेशा साथ प्रस्तुति दिया करते थे?

अपने पिता की मौत के बाद, मैं अपने ताया ज़हीरुद्दीन साहिब के साथ, जो कि मेरे गुरु थे, संगीत कार्यक्रम करने लगा। उनकी अकस्मात मृत्यु के बाद मुझे वह अकेलापन बहुत खला और मैंने अकेले ही कार्यक्रम प्रस्तुत करने का निर्णय लिया। वास्तव में *जुगलबंदी* कलाकारों के बीच एक गहरा रिश्ता होता है जिसे शब्दों में बयान करना कठिन है। जब मैं अपने पिता की जगह ज़हीरुद्दीन साहिब का *जुगलबंदी* साथी बना तो कई बार उन्हें लगता था जैसे फैयाज़ुद्दीन वहीं थे। हालाँकि उनके पास मैं बैठा हुआ करता था, वे कई बार 'फैयाज़' बोल पड़ते थे। *जुगलबंदी* कलाकारों के बीच ऐसा ही जुड़ाव होता है। यह परम्परा अभी भी जारी है- पुणे में रहने वाले मेरे दो छोटे भाई नफीसुद्दीन और अनीसुद्दीन, *जुगलबंदी* करते हैं।

कहा जाता है कि ध्रुपद का आपकी पूरी जीवन-शैली पर प्रभाव पड़ता है। इस बारे में आपका क्या विचार है?

ध्रुपद उन शास्त्रीय कलाओं में से एक है जो कि आध्यात्म व चिन्तन पर आधारित हैं। चूंकि यह सूफीवादी है, 10-15 साल तक अभ्यास करना ही काफी नहीं है। आपकी जीवन-शैली भी उसके अनुरूप होनी चाहिए। मेरे पिता व ताया जी शराब छूते तक नहीं थे और सांसारिक बातों से खुद को दूर रखते थे। उनके जीवन का मकसद व जुनून केवल ध्रुपद ही था। मेरे लिए भी ऐसा ही है...। हमारा विश्वास है कि अल्लाह देने वाला है, जो कि हमें भोजन मुहैय्या कराता है। हमारे संगीत में लय, स्वरमान और ठहराव तीनों होता है। जिस तरह केवल शब्दों से भाषण नहीं

ऊपर बाएँ: *छोटों की जुगलबंदी: नफ़ीसुद्दीन और अनीसुद्दीन साथ में गाते हुए।*

ऊपर दाएँ: *पंडित भीमसेन जोशी के लिए गाते हुए नफ़ीसुद्दीन और अनीसुद्दीन।*

बनता उसी तरह कोई भी सामान्य संगीत हमें छू भी नहीं पाता। हमारी प्रस्तुति *तानपुरा* और उसके बाद *आलाप* से शुरू होती है। ग्रीन रूम में *तानपुरा* की आवाज से राग तय होता है और हम *आलाप* में घंटों तक डूबे रह सकते हैं या फिर समयानुसार कुछ ही क्षणों में आलाप खत्म भी कर सकते हैं। कई बार हमें और यहाँ तक कि श्रोताओं को भी समय व स्थान का ध्यान नहीं रहता। यह इच्छानुसार नहीं किया जा सकता, यह केवल अल्लाह की मर्जी से ही संभव हो पाता है और इसीलिए हम ईश्वर से खुद को संगीत में डूब जाने की शक्ति देने की कामना करते हैं।

क्या ध्रुपद को महत्व दिया जा रहा है?

आज के दौर में देश भर में कुल संगीत समारोहों में केवल दो प्रतिशत ही ध्रुपद के लिए आयोजित किए जाते हैं। लेकिन विदेशों में, खासकर फ्रांस और अमरिका में हम ज्यादा शो करते हैं। मुझे हैरानी होती है कि, हमारे देश में विदेशी पॉप कलाकारों को देश के शास्त्रीय कलाकारों से ज्यादा अहमियत दी जाती है। और यह भी बड़े दुःख की बात है कि यहाँ संगीत की दुकानों में शास्त्रीय संगीत को एक छोटा-सा कोना ही दिया जाता है। सांस्कृतिक मंत्रालय को शास्त्रीय और परम्परागत कलाओं को बढ़ावा देना चाहिए, न केवल कुछ ही श्रोताओं के लिए बल्कि छोटे शहरों, *कस्बों* और देश के अन्य कोनों में भी। इस तरह ज्यादा से ज्यादा लोग (जिनमें बच्चे व युवक भी शामिल हैं) हमारी शास्त्रीय संगीत परम्परा से अवगत हो पायेंगे।

आपने कहा था कि तंत्रिकाओं पर ध्रुपद का शांतिपुर्ण प्रभाव पड़ता है। इस बात को ध्यान में रखते हुए, क्या आप देश के अशांत जगहों में कार्यक्रम प्रस्तुत करेंगे?

हाँ, क्यों नहीं। अगर मुझे आमंत्रित किया जाएगा और मेरी ध्रुपद गायिकी से लोगों को मदद मिलती है, तो जरूर करूँगा।

बहराम खां डागर
ध्रुपद

FACULTY OF MUSIC AND FINE ARTS
UNIVERSITY OF DELHI
DELHI
MALHAR UTSAV
19th &
AUGUST, 2010

आप खुद का वर्णन कैसे करेंगे?

मैं बहुत महत्वाकांक्षी हूँ, लेकिन मुझे नाकामी पसंद नहीं। पहले मैं बहुत मुखर नहीं था, लेकिन अब मैं बगैर आपा खोये साफगोई सीख रहा हूँ। मुझे कठोर कहा जा सकता है, लेकिन अब मैं धीरे-धीरे बदल रहा हूँ। मैं अपनी धरोहर को हमेशा बचाए रखने का प्रयास करता रहूँगा।

क्या आपने कभी बॉलीवुड में गाने के बारे में सोचा है?

नहीं, मैंने हिंदी फिल्मों में गाने के बारे में तो कभी नहीं सोचा है, लेकिन अगर कभी दाना भी पड़े तो वह शास्त्रीय संगीत पर आधारित ही होगा। यह मेरे निमंत्रण पर निर्भर करेगा, क्योंकि ध्रुपद आत्मा के लिए होता है और इससे मैं कोई समझौता नहीं करूँगा। अपने पिता व ताया की मृत्यु के बाद करीब बीस सालों से मैं ध्रुपद प्रस्तुत कर रहा हूँ। इस बीच मैंने कई बुरे दौर भी देखे, लेकिन मैंने कभी समझौता नहीं किया। जैसा कि मैंने अभी आपको बताया, अल्लाह ही देने वाला है। मेरे लिए, संगीत ही मेरा बगीचा है और मैं इस बगीचे से सर्वश्रेष्ठ कृतियाँ प्रस्तुत करता हूँ।

आपकी शुरुआती जिंदगी कैसी थी?

हमारा संयुक्त परिवार था जिसमें मेरे पिता, माँ, बहनें और *ताया*, ज़हीरुद्दीन साहिब , जिन्हें हम बामाजी कहते थे, रहते थे। मेरा बचपन बहुत सुखद था। मैं बहुत गंभीर बच्चा था। मेरे पिता व ताया ने मुझे बचपन से ही प्रशिक्षण दिया। मैं ज्ञान भारती स्कूल का साधारण छात्र था। स्कूली पढ़ाई खत्म करने के बाद, मैंने आगे न पढ़ने का निर्णय किया; इसके बाद मैं घंटों *रियाज़* किया करता था। 15 दिसंबर, 1988 को मैंने भोपाल के भारत भवन में अपना सबसे पहला कार्यक्रम दिया। जब मैं 20 साल का था, मेरे पिता का देहांत हो गया। यह मेरे लिए एक बहुत बड़ा आघात था। इसके कुछ समय बाद ही मेरे *ताया* का भी निधन हो गया।

आपने विवाह क्यों नहीं किया?

शायद इसलिए कि मुझ पर बहुत-सी पारिवारिक जिम्मेदारियाँ थीं। इसके अलावा, मैंने काफी लोगों का पारिवारिक जीवन परेशानी-भरा देखा है, इस कारण से भी मैं विवाह से डरता था। लेकिन मैं अकेलापन नहीं महसूस करता, क्योंकि हमारे परिवार में बहुत अपनत्व है। जैसा कि मैंने पहले भी बताया, मैं बहुत गंभीर था और आज भी मैं मेल-जोल कम ही करता हूँ। मैं बहिर्मुखी नहीं हूँ... हम बहुत शांत, पारंपरिक जीवन जीते हैं। मुझे पार्टी करना पसंद नहीं है, जो कि आज के समय में कभी-कभी अहितकर हो जाता है, लेकिन हमें इससे कोई परेशानी नहीं है, क्योंकि हम कभी भी कार्यक्रमों के पीछे नहीं भागे और न ही कभी सम्मान व मान्यताओं की अपेक्षा की।

सामने का पृष्ठ:

ऊपर बाएँ: *शुरुआती दिन: तानपुरा पर वसीफुद्दीन, अपने चचेरे भाई साजिद के साथ।*

ऊपर दाएँ: *जयपुर में ध्रुपद समारोह में अपने पिता के देहांत पर स्टेज पर पगड़ी पाते हुए वसीफुद्दीन, 1989*

बीच में दाएँ: *अमीनुद्दीन और वसीफुद्दीन एक स्नेहिल क्षण में।*

नीचे बाएँ: *महात्मा गांधी की पुण्यतिथि पर वसीफुद्दीन, नई दिल्ली, 30 जनवरी, 2000. फोटोग्राफ: शार्लोट बस्तीट*

नीचे दाएँ: *संगीत और ललित कला संकाय, दिल्ली विश्वविद्यालय द्वारा आयोजित मल्हार उत्सव में गाते हुए वसीफुद्दीन , 2010*

SPRINGFIELD

ऊपर बाएँ: *फेस्टिवल डेरा ट्रोइस कांटिनेंट्स के दौरान स्टेज पर रेडियो फ्रांस 3 को इंटरव्यू देते हुए, नान्तेस, फ्रांस।*

ऊपर दाएँ: *इंटरफेथ सेंटर में जुगलबंदी करते हुए वसीफुद्दीन और बहाउद्दीन, न्यूयॉर्क, 2001*

नीचे: *मारिया खोआओ पाइरेस द्वारा स्थापित बेल्गैस कल्चरल सेंटर में पियानो बजाने का प्रयास करते हुए वसीफुद्दीन, पुर्तगाल, 2004*

सामने का पृष्ठ:

ऊपर बाएँ: *बड़ी मस्जिद, इस्लामाबाद, पाकिस्तान में वसीफुद्दीन, 2004*

ऊपर दाएँ: *क़मर, अनमोल परालकर और डॉ. गुरी सिंह के साथ डेन्वर में।*

बीच में बाएँ: *पियानो वादक मारिया खोआओ पाइरेस, क़मर और लॉरेंस बस्तीट के साथ बेल्गैस, पुर्तगाल, 2004*

बीच में दाएँ: *बनावटी बर्फ के सामने, पुर्तगाल।*

नीचे बाएँ: *सलामांका, स्पेन में टहलते हुए वसीफुद्दीन, 2005*

नीचे दाएँ: *लन्दन में सैर करते हुए, 2009*

चूंकि आप कुंवारे हैं, 21वीं सदी में ध्रुपद की परम्परा को अब आगे कौन बढ़ाएगा?

बेशक परम्परा को बढ़ाने के लिए मेरा कोई बेटा नहीं है, लेकिन मेरे और भाई हैं और मुझे विश्वास है कि उनके बच्चे इस परम्परा को अवश्य जारी रखेंगे.... कोई न कोई जरूर ध्रुपद को जारी रखेगा।

आप बहुत ही भाग्यशाली थे कि आपको दो वरिष्ठ डागर बंधुओं- जुगलबंदी जोड़ा- ज़हीरुद्दीन और फैयाज़ुद्दीन से शिक्षा प्राप्त हुई।

डागर बंधुओं- बामाजी और पापा- से शिक्षा प्राप्त करना वाकई मेरी खुशकिस्मती थी। उनका ध्येय हमेशा एक ही रहता था, भले ही उनके तौर-तरीके अलग थे। वे दोनों ही पूर्णतावादी थे जिन्होंने हमेशा काम और प्रयास को श्रेय दिया न कि परिणाम को, क्योंकि दोनों का ही ऐसा मानना था कि हम सबके लिए परिणाम का समय अलग-अलग होता है! फिर भी दोनों में अंतर किया जा सकता था, क्योंकि दोनों के तौर-तरीके में तुलनात्मक फर्क थे। बामाजी राह दिखाते थे, आपको प्रत्येक

ध्रुपद सोसायटी 1983
श्रुतिमण्डल

कदम को गिन कर ध्यान से मानना पड़ता था। जबकि पापा सिखाते थे कि अगर कोई कदम भूल भी जाए तो उसकी पूर्ति कैसे की जाए। बामाजी हमेशा संगीत के द्वारा, और संगीत से ही संगीत के लिए उदाहरण देते थे, जबकि पापा के उदाहरण संगीत के साथ या बगैर संगीत के भी होते थे! वे तुलनात्मक उदाहरण देते थे।

क्या आपकी यह यात्रा बहुत कठिन रही- पहले कठोर प्रशिक्षण और उसके बाद परम्परा *को निभाने की जिम्मेदारी?*

हाँ, मुझे बचपन से ही बहुत कठिन प्रशिक्षण मिला, लेकिन किसी भी कला में महारत हासिल करना कठिन होता है,खासकर जब आप पूर्णतावादी हों। हमें अपनी भावनाओं पर नियंत्रण रखना भी सिखाया गया... मुझे याद है, किस तरह अपने पिता की मृत्यु के बाद मुझे एक कार्यक्रम प्रस्तुत करना था, लेकिन मैं अपने को रोने से रोक नहीं पा रहा था। मेरे ताया ज़हीरुद्दीन साहिब मुझे अलग ले गए और कहा कि मुझे अपनी भावनाओं को नियंत्रित करना ही होगा। बाद में मुझे पता चला कि वे भी रोये थे, लेकिन सबसे अलग नज़र बचाकर।

ऊपर: *वसीफुद्दीन, जिन्होंने अपने पिता और चाचा से ध्रुपद की शिक्षा प्राप्त की, का कहना है कि डागर बंधुओं द्वारा शिक्षा प्राप्त करना बहुत अच्छा अनुभव रहा।*

सामने का पृष्ठ:
ऊपर: *तौफ़ीक नवाज़ के घर पर डागर बंधु, ढाका, 1986*

बीच: *फेस्टिवल ऑफ इंडिया में आमंत्रित कलाकार, प्रोफेसर हिमेनो के साथ डागर बंधु, जापान, 1988*

नीचे: *जयपुर ध्रुपद समारोह, 1983 का समापन करते हुए.* **बाएं से दाएँ:** *पंडित गोपाल दास, फैयाज़ुद्दीन, फहीमुद्दीन, अमीनुद्दीन, ज़हीरुद्दीन और सईदुद्दीन।*

वसीफुद्दीन डागर लिखते हैं...

आशुरचना और लय की महत्ता के बारे में:

'आशुरचना के लिए आपको रोजमर्रा के दिनचर्या या तरीके से अलग हटकर सोचना पड़ता है! कुछ लोग आशुरचना को नवीनता या रोजमर्रा के सूत्रों में अपनी व्यक्तिगत शैली मानते हैं। लेकिन भारतीय शास्त्रीय रूप में आशुरचना पाश्चात्य संगीत में आशुरचनात्मक तरीकों से भिन्न है। मैं ऐसा इसलिए कह रहा हूँ, क्योंकि हम संगीत के एक फ्रेम में काम करते हैं, चाहे वह संगीत के स्वर या लयबद्ध समयचक्र का मूलरूप आदर्श क्यों न हो। हमें चुने हुए राग में बाहर से अलग स्वर लाने की इजाजत नहीं होती। राग, एक अष्टक में, आरोही या अवरोही क्रम में संगीत स्वर की संरचना होता है। यह संगीत स्वरों की बहुत पुरानी रचना होता है, जो कि दक्षिण एशिया या भारतीय महाद्वीप में प्रचलित है और जिसे संगीतज्ञों ने 600 से 900 वर्ष पुराना वर्गीकृत किया है। हालाँकि कुछ लोग नए राग बनाते हैं, लेकिन इन्हें जब भी बनाया और प्रस्तुत किया जाता है, वर्तमान संगीतकार और संगीतज्ञ इनमें प्राचीन काल के तत्त्व पाते हैं और यही बहस छिड़ जाती है कि उक्त राग की अपनी कहीं कोई नई पहचान नहीं है।

'फिर आशुरचना की बात करें, तो यह आप पूर्व निर्धारित सीमाओं में ही कर सकते हैं। आप चेहरा नहीं बिगाड़ते, बल्कि आप उसी स्वर की अभिव्यंजक तान में बदलाव कर चेहरे की सुंदरता बढ़ाते हैं, ताकि लोगों को समानता तो दिखे, लेकिन उन्हें फिर भी वह ताजा व अलग लगे।

'तो, एक तरीके से, हम स्वरों को रंगों के शेड की तरह प्रयोग करते हैं जिसमें पुराने राग या मूलरूप आदर्श को बनाये रखते हुए नया स्वर बनाते हैं। अगर इसे दूसरे तरीके से समझाया जाए, तो हम पेड़ या पौधे को बनाये रखते हैं, क्योंकि वह खूबसूरत है, लेकिन हम एक पौधे को दूसरे पौधे से मिलाकर एक तीसरी नस्ल नहीं बनाते, बल्कि हम एक ही स्वर के कई अर्थ उभारते हैं। इसका उदाहरण मैं हमेशा

सामने का पृष्ठ:
डागर बंधु मेमोरियल ट्रस्ट के एक कार्यक्रम में गाते हुए वसीफुद्दीन, साथ में तानपुरा पर संतोष कुमार।

ऊपर: *श्रोताओं को मन्त्रमुग्ध किये हुए: वाराणसी में ध्रुपद मेले में वसीफुद्दीन, 2014*

नीचे: *तानसेन समारोह के दौरान स्टेज पर वसीफुद्दीन, ग्वालियर, 2013*

je ne sais pas [मुझे नहीं पता] को कहने के तरीके से देता हूँ- कैसे हम एक ही वाक्य से कह सकते हैं कि हमें क्या पता है या क्या नहीं पता, और न केवल शब्दों से, बल्कि विराम से भी। संगीत तान, लय और भावुक, अर्थपूर्ण चुप्पी का मिश्रण है।

'शास्त्रीय संगीत में, हम स्वर के माइक्रोटोन पर काम करते हैं और उसी तरह लय की माइक्रोबीट्स पर काम करते हैं। हमारे पास गणितीय विवरण एक आयाम होता है जिसमें हम आशुरचना कर, श्रोता की जिज्ञासा जगाने के लिए कई सामान्य या जटिल, लयबद्ध नमूने तैयार करते हैं। संक्षेप में, हम उस पल के मिजाज पर काम करते हैं, क्योंकि यह मिजाज हर संगीत समारोह में भिन्न होता है। एक ही राग को कई तरीकों से व्यक्त किया जा सकता है। एक स्वर को कोमलता से प्रस्तुत किया जा सकता है या फिर सख्त स्वर बनाया जा सकता है, लेकिन राग संरचना भावना के साथ नहीं बदलती, राग वही रहता है, उस समय की भावना संगीत समारोह में नवीनता और आशुरचना लाती है। हाँ, मूलरूप आदर्श वही रहता है, लेकिन आप एक ही प्रकार के स्वरों को एक-दो मिनट से लेकर एक-दो घंटे तक प्रयोग कर सकते हैं और वही हमारी आशुरचना होती है कि हम कितना प्रेरित हैं और विस्तृत कर सकते हैं। केवल स्वर अष्टक के आरोही या अवरोही क्रम में स्थिर रहता है।

'लय के साथ भी ऐसा ही होता है। समयचक्र ताल की निर्धारित संख्या होती है और उसी अनुपात में टेम्पो भी तय किया जाता है। एक चक्र के दौरान, हम कितने स्वर पैदा करते या गाते हैं, यह उस समय गाये जाने वाले गीत के बोलों या लय संरचना के प्रति हमारी सहज प्रतिक्रिया होती है।

पखावज बजाते पंडित मोहन श्याम शर्मा और तानपुरा बजाते क़मर के साथ वसीफुद्दीन, भारतीय उच्चायोग, वाशिंगटन।

जापान के एक मंदिर में आयोजित संगीत समारोह में वसीफुद्दीन, मोहन श्याम शर्मा, क़मर और मुशर्रत।

'हम स्वयं को ही चुनौती देते हैं, कई बार गहराई में डूब जाते हैं, कई बार हम देरी करते हैं और कई बार हम चुने हुए लक्ष्य, चक्र के पहले ताल पर आते हैं। हम गायक और तालवादक से निर्देश लेते हैं। वे भी उस समयचक्र में अपनी-अपनी आशुरचनाओं का समन्वय करते हैं। संक्षिप्त में कहें, तो हमारे पास समयचक्र को ध्यान में रखने के लिए कुछ निशान होते हैं और दोनों को ही पता रहता है कि गति को कब बढ़ाया या घटाया जाता है, क्योंकि तालवादक अपने वाद्य का विशेषज्ञ होता है और गायक सुर की आशुरचनाओं में सधा हुआ होता है; इसी तरह हम उसी वक्त अपने संगीत में आशुरचना कर पाते हैं।

'हमारे पास कुछ रचनाएं होती हैं जो कि बार-बार दोहराई जाती हैं और हम उसी समयचक्र में आशुरचना भी करते हैं। ज्यादातर समय तालवादक गायक के साथ सुर मिलाता है और कभी गायक भी ऐसा करता है। ध्रुपद में 12-ताल का चक्र होता है जिसे *चौताल* कहते हैं, 14-ताल के चक्र को *धमार* कहते हैं और एक 10-ताल का चक्र होता है जिसे *सुलताल* कहते हैं।'

भारतीय सिनेमा के 100 वर्ष पूरा होने पर उसके सकारात्मक और नकारात्मक पहलुओं पर:

'संगीत सभी जीवों का एक अभिन्न अंग है और ध्वनि व लय के द्वारा ब्रह्माण्ड की आकाशीय गतिविधि में भी इसकी भूमिका होती है। मूक फिल्मों के समय से आज

की एनीमेशन फिल्मों तक जहाँ कंप्यूटर सुनामी से लेकर तूफ़ान तक, ज्वालामुखी के विस्फोट से लेकर सूर्योदय, जंगल, पर्वतों आदि के सुंदर दृश्य बनाता है, सभी चलचित्रों में संगीत की महत्वपूर्ण भूमिका है। विश्व भर की फिल्मों में पार्श्व संगीत की भूमिका है, और भारतीय फिल्मों में, चाहे वे संगीत पर आधारित हों, चाहे वे नई हों या पुरानी, क्लासिक हों या मसाला, सभी में संगीत एक महत्वपूर्ण पहलू है।

'भारतीय कला का एक महत्वपूर्ण पहलू *रस* है, जो कि भारतीय संगीत में महत्वपूर्ण भूमिका अदा करता है और एक्टिंग में भी जहाँ वे सभी नौ *रस* पर काम करते हैं। *रस* एक भावना है। एक्टिंग की अपेक्षा संगीत में कम *रस* प्रयोग किए जाते हैं। सभी आवाजों को संगीत नहीं माना जाता। प्रारंभिक, अनुबोधक, कलात्मक या मोहक ध्वनि, स्वर या सुर को संगीत कहा जाता है; यही संगीत किसी भी दृश्य में, खासकर चलचित्रों में, भावनाओं को जीवंत करता है। मैं चलचित्रों की बात कर रहा हूँ, क्योंकि रंगमंच के कलाकार कई बार संगीत के बिना ही एक्टिंग करते हैं, लेकिन वे भी गाते हैं या अपने शरीर या स्वरतंत्री से आवाज़ पैदा करते हैं। मैं दोबारा सिनेमा की बात करूँगा, जो कि भारतीय सांस्कृतिक क्षेत्र का एक अभिन्न हिस्सा है। हम सबको पता है कि यह एक बहुत आकर्षक माध्यम है और सारा संसार इसके इर्द-गिर्द घूमता है। एक तरह से यह सांस्कृतिक जैकपॉट है; कई लोग केवल दिखाई देने के लिए इसके आस-पास ही अपना सारा जीवन बिता देते हैं।

'मेरे लिए पहली फिल्म *राजा हरिश्चंद्र* से लेकर हाल में रिलीज़ हुई फिल्मों तक पूरे भारतीय सिनेमा पर टिप्पणी करना कठिन होगा। मैं यहाँ कुछ फिल्मों की झलक दिखा कर केवल अपनी अनुभूति बताना चाहूँगा, न कि वास्तविक तथ्य, क्योंकि यह

पहली भारतीय फिल्म, राजा हरिश्चंद्र से एक दृश्य: वसीफुद्दीन के अनुसार सिनेमा में करीब सभी विषयों पर फिल्में बनाई जा चुकी हैं।

ऊपर: लक्ष्मण कृष्णराव पंडित को 75वीं वर्षगांठ पर सम्मानित करते हुए वसीफुद्दीन।

नीचे: घर पर आराम करते हुए वसीफुद्दीन, नई दिल्ली।

मेरा क्षेत्र नहीं है। कवियों व लेखकों ने लगभग सभी विषयों पर लिखा है। इसी तरह सिनेमा में भी लगभग सभी विषयों पर फिल्में बनी हैं। जबकि वे वास्तविक तथ्यों को प्रस्तुत करने में सिनेमाई स्वतंत्रता का सहारा लेते हैं; आर्ट फिल्में अलग होती हैं, मसाला फिल्में अलग होती हैं और डॉक्यूमेंट्री अलग। लेकिन, सिनेमा घरों में दिखाई जाने वाली फिल्मों में मसाला फिल्मों की अपेक्षा आर्ट फिल्में कम होती हैं; जहाँ तक डॉक्यूमेंट्री का सवाल है, या तो आप उन्हें अपने घर में देखते हैं या फिर इंटरनेट पर। आज के आधुनिक समय में, प्राय: सभी कुछ इंटरनेट पर अप्लोडेड होता है, आप को वहाँ से बहुत कुछ जानकारी मिलती है।

'मूक फिल्मों के समय से ही, सिनेमा में शारीरिक क्रियाकलापों और सब-टाइटिल का प्रयोग होता था जिससे दर्शकों को दृश्य समझने में आसानी होती थी। शारीरिक

ऊपरः रविन्द्र स्वामी, सोनल मानसिंह और क़मर के साथ ओशो वर्ल्ड में वसीफुद्दीन।

हाव-भावों से अभिव्यक्ति व अनुभव व्यक्त किए जाते थे। उन दिनों दर्शक विज़ुअल इफेक्ट के साथ हिलती-डुलती आकृतियों को देखकर खुश होते थे; वे अपने आस-पास की हिलने-डुलने वाली चीजों को, न कि स्थिर फोटो को स्क्रीन पर कैमरे और प्रोजेक्टर के माध्यम से देख पाते थे। उसके बाद ध्वनि के साथ फिल्मों का दौर आया जिसमें आप एक्टर को देख और सुन सकते थे। आज के समय में अब शारीरिक हलचल कम और संवाद ज्यादा होता है। चेहरे की मांसपेशियों का प्रयोग कम होता है; संवाद और पार्श्व संगीत के माध्यम से भावनाओं की अभिव्यक्ति होती है।

'पहले, पश्चिमी ऑपेरा की तरह, कलाकार, वादकों के साथ अपनी भावनाओं को शारीरिक हाव-भावों से और गा कर व्यक्त करते थे। कुछ फिल्मों में केवल एक्टर गाता दिखाई देता था, स्क्रीन पर ऑर्केस्ट्रा नहीं दिखाई देता था, वह केवल

पार्श्व में रहता था। उन दिनों संगीत पृष्ठभूमि वाले एक्टरों, जो कि एक्टिंग करते हुए गा भी सकते थे, जैसे तीस व चालीस के दशक में देविका रानी और के. एल. सहगल को प्राथमिकता दी जाती थी। वे गायक एक्टर थे और बहुत लोकप्रिय थे।

'बदलते समय और बदलते दौर के साथ, परिस्थितियाँ भी बदल गईं। पहले थियेटर कंपनियाँ होती थीं जो कि एक्टरों को पारिश्रमिक पर रखती थीं और सिनेमा को मुहैया कराती थीं, लेकिन वे थियेटर कंपनी के कर्मचारी होती थे और उन्हें उस कंपनी से तनख्वाह मिलती थी। समय के साथ, पुरानी शैली की मोनो रिकॉर्डिंग स्टीरियो रिकॉर्डिंग में परिवर्तित हो गई। फिल्में प्राय: स्टूडियो में शूट की जाने लगीं, बाहर के दृश्य थोड़े ही होते थे। स्टूडियो रिकॉर्डिंग में गायक गाते थे और उसे रिकॉर्ड कर लिया जाता था। लेकिन जब दृश्य स्टूडियो के बाहर, लोकेशन पर शूट किए जाने लगे, नई तकनीकें विकसित हुईं और गायिकी व एक्टिंग के बीच विभाजन हो गया। एक्टर अभिनय करता था, गायक गाना गाता था और सब कुछ डब व मिलाया जाता था। ध्वनि व पिक्चर की गुणवत्ता बढ़ी और कुल प्रभाव में सुधार हुआ।

'अब मैं पिछले ज़माने से आज तक सिनेमा में संगीत की भूमिका के बारे में कहूँगा। पहले एक्टर-गायकों को शास्त्रीय संगीत की समझ होती थी और वे अपने प्राकृतिक स्वरमान में गाते थे जिसमें कि पार्श्व संगीत बहुत थोड़ा होता था। दृश्य की भावनाओं/मूड को व्यक्त करने के लिए गीत के बोलों पर ज्यादा ध्यान दिया जाता था, और उसी के अनुसार संगीत स्वरों को उसमें जोड़ा जाता था। संवाद भी संगीतमय तरीके से बोले जाते थे, जैसे कि केवल बातचीत न होकर पाठ किया जा रहा हो, जो कि हमारे रोजमर्रा के वार्तालापों की अपेक्षा बात करने का बहुत अस्वाभाविक तरीका होता था। लेकिन हम अपने दिनचर्या से बाहर आने के लिए ही सिनेमा जाते हैं।

'इसके बाद पार्श्व गायन की शुरुआत हुई। चालीस के दशक के मध्य से लेकर आज तक इसी पद्धति का अनुसरण किया जा रहा है। यह तरीका इसलिए अपनाया गया, क्योंकि कोई अच्छा अभिनेता हो सकता है, लेकिन अच्छा गायक नहीं। अभिनेता देखने में अच्छे हो सकते हैं, लेकिन उनकी "आवाज़ अच्छी न हो"! सिनेमा में हमेशा अच्छा दिखने वाले अभिनेताओं व अभिनेत्रियों की मांग रही है और उनमें अच्छे गायक कम ही मिलते हैं।

'भारतीय सिनेमा की खासियत है कि यह केवल भारतीय संगीत या भारतीय शास्त्रीय संगीत तक ही सीमित नहीं है। इसे आधुनिक बनाने व व्यापक अपील देने के लिए इसमें रॉक एण्ड रोल, स्पैनिश संगीत, जैज़ और यहाँ तक कि अरबी और फारसी संगीत भी शामिल हुआ है, जो कि बहुत पसंद किया गया। लेकिन पहले फ़िल्मी संगीत को भारतीय शास्त्रीय संगीत की तरह गाया व रचा जाता था जहाँ गीतों

को निर्धारित सरगम में गाया जाता था। बाद में पाश्चात्य संगीत के प्रभाव में इसमें बदलाव किया जाने लगा। शायद ज्यादा श्रोताओं तक पहुँचाने के लिए ऐसा किया जाने लगा। लेकिन दुर्भाग्यवश या भाग्यवश, यह भारतीय रचना का तरीका नहीं है। तब की फिल्मों का संगीत आज के फिल्म संगीत से बहुत अलग हुआ करता था।

'इसके बाद में उस समय का आधुनिक युग आया (पचास व साथ का दशक)। उस समय के कुछ जाने-माने संगीत निर्देशक या गीतकार थे, नौशाद, सी. रामचंद्र, सलिल चौधरी, एस. डी. बर्मन, हेमंत कुमार, रोशन, मदन मोहन, शंकर जयकिशन और वसंत देसाई। संगीत निर्देशक लोक संगीत पर आधारित रचनाएं बनाते थे जिनमें फ्लामेंको का कुछ अंश होता था, गिटार, पियानो या अकॉर्डियन का प्रयोग होता था। कई रचनाएं उर्दू, हिंदी, भोजपुरी व कुछ अन्य भाषाओं में भी लिखी जाती थीं।

'लेकिन मैं केवल बॉलीवुड की बात कर रहा हूँ। बॉलीवुड फिल्मों और गीतों का क्षेत्र अब बहुत विस्तृत हो गया है। यह न केवल यू.के, यू.एस. और रूस तक जा पहुँचा है, बल्कि हमारी फिल्मों को अफ्रीका, यूरोप और एशियाई देशों में भी बहुत पसंद किया जाता है। मीडिया में सिनेमा पर अब पहले से कहीं ज्यादा छपता है। पहले विशेष फिल्म मैग्जीन होती थीं, या फिर दैनिक अखबार में एक विशेष पृष्ठ रहता था, लेकिन अब आप पहले पृष्ठ में ही ऊपर फ़िल्मी फोटो बखूबी देख सकते हैं। अगर मैं गलत नहीं हूँ तो दुनिया में और कहीं भी सिनेमा को इतना प्रमुख स्थान नहीं दिया जाता।

'सिनेमा ने बहुत नामी एक्टर, सितारे, गुरु, पार्श्व गायक, संगीतकार और निर्देशक दिए हैं। ये सभी बहुत से गरीब/ छोटे तबके के लोगों के लिए ईश्वर समान हैं। उनका पूरा जीवन ही सिनेमा देखने, सुनने व उसके ख़्वाब देखने में बीत जाता है। सितारों को *पूजा घर* या विशेष जगह पर स्थान दिया जाता है जहाँ केवल भगवान पूजे जाते हैं।

छाया गांगुली (दूरदर्शन की पूर्व महानिदेशक, मुम्बई), रविन्द्र जैन (संगीत निदेशक) और के. सी. मालू, प्रबंध निदेशक, वीणा कैसेट के साथ जूरी सदस्य के रूप में वसीफुद्दीन।

'भारतीय फ़िल्मी संगीत से अलग होना बहुत कठिन है। यहाँ के लोकप्रिय राग हैं-*यमन, भैरवी, शिवरंजनी, पूरिया धनश्री, ललित, तोड़ी...*।

'जहाँ एक ओर फिल्म निर्माता कहते हैं कि वे भारतीय संस्कृति का विश्व में प्रचार कर रहे हैं, वहीं दूसरी ओर, आप देखते हैं कि वे अभिनय व संगीत में भारतीय तत्त्व डालना भूल रहे हैं। बहुत-सी भारतीय पोशाकें अब प्रमुख चरित्रों से हट गई हैं- आप उन्हें केवल "माँ" के चरित्र पर देख सकते हैं। संगीत में, भारतीय स्वर का तत्त्व, खासकर गाने में बिलकुल खत्म हो गया है और हम पाश्चात्य संगीत यंत्रों और यहाँ तक कि डिजिटल उपकरणों जैसे कि कीबोर्ड, सिंथेसाइज़र और यहाँ तक कि इलेक्ट्रोनिक ड्रम के सामने पिछड़ रहे हैं! आब आप बिरले ही भारतीय वाद्य जैसे कि *सितार, सरोद, सारंगी, वीणा, इसराज* वगैरह को सुनते हैं। वे भारत का प्रचार जरूर कर रहे हैं, लेकिन हमारे शास्त्रीय या प्राकृतिक स्वर लुप्त होते चले जा रहे हैं। क्या यह हमारे लिए अच्छा है?

'क्या हम विश्व सिनेमा या स्क्रिप्ट में ज्यादा भद्दी भाषा और गाली-गलौज के प्रयोग की वजह से लोकप्रिय हो रहे हैं? हाँ, यह भाषा हमारी सड़कों में आम सुनाई देती है, लेकिन क्या इस भाषा का (फिल्मों में) इस्तेमाल जरूरी है? आप पुराने गीतों के बोलों की गुणवत्ता तो भूल जाइए, आजकल आप गानों में अश्लील शब्द और यहाँ तक कि गाली भी सुन सकते हैं।

'1950 के दशक के मध्य से लेकर 1960 के दशक के मध्य तक गानों को रागों के आधार पर रचना करने का प्रचलन ज्यादा था। शास्त्रीय गीतकार थे, जैसे- साहिर लुधियानवी, नीरज श्रीधर, शैलेन्द्र और हसरत जयपुरी। साहित्यिक दुनिया के कई

पंडित भीमसेन जोशी और सईदुद्दीन (एकदम बाएँ)के साथ नफ़ीसुद्दीन और अनीसुद्दीन।

जाने-माने कवि थे जो कि बड़े *मुशायरों* या *कवि सम्मेलनों,* कांफेरेंस आदि में भाग लिया करते थे जहाँ वे एक-दूसरे को सुनते थे। अच्छी कविताओं और शास्त्रीय रागों का ज्यादा प्रचलन था, न कि केवल "फ़िल्मी" गानों का। वे अपने समय के नामी-गिरामी संगीतकारों को भी फिल्मों में गाने के लिए आमंत्रित करते थे, जैसे- उस्ताद आमिर खान, उस्ताद गुलाम अली खान, पंडित डी. वी. पलुस्कर, पंडित भीमसेन जोशी, विदुषी किशोरी अमोनकर, विदुषी बेगम परवीन सुल्ताना। उनकी आवाज़ें बड़ी फिल्मों में नहीं, बल्कि छोटी फिल्मों में इस्तेमाल की जाती थीं, लेकिन यह तो अब लुप्त ही हो गया है।

'पहले गाने में बहुत थोड़ा पार्श्व संगीत होता था; आजकल बहुत साउंड इफेक्ट का इस्तेमाल होता है। कई बार तो वे धुन बनाते हैं और गीतकार को धुन के अनुसार बोल लिखने को कहते हैं। पहले यह प्रक्रिया उलटी होती थी- कवि पहले लिखता था, जिस पर भावनाओं के आधार पर और फिल्मी दृश्य के अनुसार संगीतकार धुन बनाता था।'

'मैं पिक्चर के दो पहलुओं को उजागर करने का प्रयास कर रहा हूँ। इसे आलोचना की तरह नहीं लिया जाना चाहिए। संसार बदल रहा है और हमें उसके अनुरूप बदलना होगा। लेकिन इसका अर्थ यह नहीं कि आप आधुनिकता के नाम पर अपनी पहचान खत्म कर दें। खूबसूरती इसी में है कि आप आधुनिक बनें, लेकिन अपनी संस्कृति का सम्मान भी करें। आज भी जिन गीतों में थोड़ा भी राग होता है वे ज्यादा दिन तक टिकते हैं, लेकिन हम एक ही समय में इतनी सारी चीजें कर रहे हैं कि हम समय के आगे गुणवत्ता को खो दे रहे हैं। आज के वक्त की यही जरूरत है कि दर्शकों को बताया जाए की मूल्यों की क्या अहमियत है, बजाय इसके कि उन्हें शॉर्टकट तरीके ही दिखाए जाएँ या उस व्यक्ति का मजाक बनाया जाए जो चीजों को सही ढंग से करने का प्रयास कर रहा है। कुछ लोग कहते हैं, "हमारे साथ रहिये!", लेकिन स्क्रीन पर उन्हें लगता है कि ज्यादा अंतराल देने पर दर्शकों का मन बदल जायगा। लेकिन आज हम ऐसी फिल्में क्यों बना रहे हैं कि आँखों से ओझल होते ही लोग उसे भूल जाएँ? फ़िल्में ऐसी होनी चाहिए कि सिनेमा हॉल छोड़ने के काफी अंतराल के बाद भी वे दर्शकों के जेहन में रहें। दृश्य जिंदादिल होने चाहिए और जैसा दृश्य हो वैसे ही गीत के बोल होने चाहिए।

'एक बात जो बॉलीवुड या भारतीय सिनेमा के साथ है, वह यह कि गीत फिल्म के बीच में आते हैं। बाकी संसार में इसकी आलोचना होती है। और हमारी फिल्में ज्यादा लंबी भी होती हैं, क्योंकि फिल्म का संगीत सिग्नेचर लंबा होता है- यह बाकी दुनिया से अलग है। लेकिन उनके पास वीडियो हैं। पॉप संगीतकार वीडियो का प्रयोग करते हैं और आप एल्बम में गायकों द्वारा अभिनय देखते हैं। इसलिये, अगर मैं गलत नहीं हूँ, तो हमने भी विश्व के अन्य हिस्सों में अपना कुछ योगदान दिया है।'

THE TIMES OF INDIA
COLLECTOR'S ISSUE
SECOND DHRUPAD SAMAROH, FEBRUARY 1986
WITH OUR COMPL
Dhrupad—a symbol of continuity
Asad Ali Khan—The Total Surrender
'Kya baat hai'
John Munsey
The Westerner's encounter with Dhrupad
An experience with Truth
It all began with the utterance of OM

डागर शिष्य

सामान्यतया ध्रुपद और विशेषकर डागर बंधुओं के भारत और विश्व में बहुत प्रशंसक हैं। इनके प्रसिद्ध शिष्यों में एक जाने-माने नामों में स्वर्गीय सबीना सहगल सैकिया का नाम भी था, जो कि ज़हीरुद्दीन और फैयाज़ुद्दीन को अपना गुरु मानती थीं। उन्होंने फरवरी 1986 में *दि टाइम्स ऑफ इंडिया* में ध्रुपद पर एक विशेष परिशिष्ट भी निकाला था।

शिष्यों में फ्रेंच अनुवादक लॉरेंस बस्तीट का नाम भी आता है, जो कि डागर परिवार के साथ तीन दशक से भी ज्यादा समय से जुड़ी रही हैं। वे भी ज़हीरुद्दीन और फैयाज़ुद्दीन की शिष्या थीं। वे याद करती हैं, 'मैं 1978 में सांस्कृतिक आदान-प्रदान कार्यक्रम के तहत फ्रेंच अध्ययन के लिए जवाहर लाल नेहरु विश्वविद्यालय आई थी। एक दोस्त मुझे डागर संगीत समारोह में ले गई और उस संगीत ने मुझ पर एक अनोखा प्रभाव डाला.. आज मुझे लगता है मानो मैं इस परिवार का हिस्सा हूँ, जैसे मेरा इनसे जन्मों पुराना नाता है।'

उनका कहना है कि, 'इस कला के प्रसिद्ध कलाकारों की संख्या देखने से मालूम पड़ता है कि *गुरु-शिष्य परम्परा* के अनुसार ध्रुपद की शिक्षा बहुत कामयाब रही है। जैसा कि सबको पता है, इस परम्परा में शिष्य गुरु के साथ रहते हैं और गुरु उनका अपने बच्चों की तरह ध्यान रखते हैं। इसके एवज में शिष्य को खुद को गुरु के सामने समर्पित कर देना होता है। दूसरी महत्वपूर्ण बात यह है कि, इस संगीतमय वातावरण का हिस्सा बनकर, गुरु के अभ्यास को सुनकर शिष्य संगीत में गहराई से उतर जाता है। इसमें शिष्य अपने संगीत पर निरंतर शोध व चिंतन कर पाता है, बजाय इसके कि उसे दिन में केवल कुछ घंटे की औपचारिक शिक्षा दी जाए। इसका मुख्य कारण यह है कि संगीत, विशेषकर धार्मिक संगीत, संगीतकारों के लिए केवल एक पेशा ही नहीं बल्कि जीवन जीने की विधि है, जिसमें वे हर समय अपनी आत्माओं में गहराई और शुद्धता लाने का प्रयास करते हैं ताकि उसे वे अपने संगीत में उतार सकें। इसके

सामने का पृष्ठः
दि टाइम्स ऑफ इंडिया के ध्रुपद पर एक विशेष परिशिष्ट की कटिंग, 1986

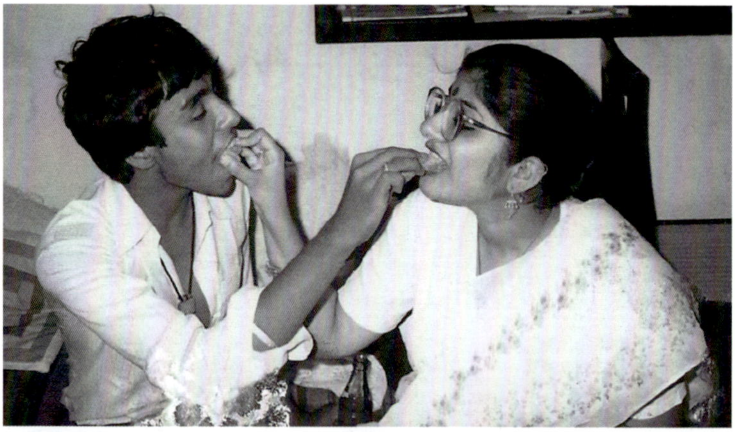

***ऊपर:** डागर बंधुओं की एक शिष्या, सबीना सहगल के साथ वसीफुद्दीन।*

***नीचे:** डागर बंधुओं की एक शिष्या, आशा गाडगिल का गंडाबंधन संस्कार; महमूदा और सबीना सहगल वहाँ मौजूद हैं, 1984*

लिए शिष्य को अपनी आत्मा का विकास करना होता है, ताकि वे पैसे, नाम या शक्ति के लिए स्वार्थ और लालच को हटा सकें।' लॉरेंस का मानना है कि शिष्य को खुद पर मेहनत करनी चाहिए ताकि वह एक साधन, जरिया या माध्यम बन सकें। शिष्य को अपनी क्षमता का पूर्ण रूप से प्रयोग कर खुद को ज्यादा से ज्यादा निर्मल, नम्य और कुशल बनाना चाहिए ताकि वह ईश्वर से सम्बन्ध स्थापित कर सके और दूसरों को मार्ग दिखा सके।

लॉरेंस के अनुभव अनुसार, जो कि ध्रुपद के अभ्यास के दौरान अन्य शिष्यों ने भी सही पाया और जिसकी विज्ञान भी पुष्टि करता है: "ॐ" के सस्वर पाठ का

अजमेर जाने के लिए लॉरेंस बस्तीट के साथ बस स्टैंड पर इन्तजार करते हुए डागर बंधु।

शरीर और आत्मा पर होने वाले प्रभाव के वैज्ञानिक अन्वेषण पर पाया गया कि इससे आंतरिक अंगों की मालिश होती है।' उन्होंने और विस्तार से बताया: 'सीखने की प्रक्रिया के दो स्वरुप होते हैं- तकनीकी और आध्यात्मिक। इस कला में भी यह दोनों पहलू एक-दूसरे में विलय होकर, एक-दूसरे को सुदृढ़ करते हैं। स्पष्ट रूप से, तकनीकी पहलू का संग, उससे आगे बढ़ने का केवल एक माध्यम मात्र है और आपको केवल तकनीकी कौशल में ही उलझ कर नहीं रह जाना होता है। तकनीकी कौशल एक साधनमात्र होता है, न कि मुख्य आकर्षण। शिक्षा के दौरान आपके गुरु आपकी तकनीकी शक्ति का विकास व विस्तार करते हैं...।'

डागर परिवार के एक अन्य नित्य आगंतुक हैं आशा और विश्वनाथ सहाय, जो कि ओशो के अनुयायी हैं। नई दिल्ली के निवासी, ये दोनों ज़हीरुद्दीन (जिन्हें प्राय: बामाजी के नाम से जाना जाता है) से नजदीक से जुड़े हुए थे और डागर परिवार के साथ अपना सम्बन्ध बनाए रखा है। विश्वनाथ बिरला इंस्टीट्यूट ऑफ टेक्नोलॉजी और साइंस (बिट्स), पिलानी से इंजीनियर हैं। विश्वनाथ याद करते हैं, 'कुछ रिश्ते साथ बिताए हुए समय की तुलना में ज्यादा करीबी होते हैं। हमारा बामाजी के साथ, जो कि एक उत्तम व्यक्ति भी थे, कम समय का लेकिन बहुत गहरा रिश्ता था। कई

घर पर संगीत समारोह: डागर लॉरेंस बस्तीट और तानपुरा पर किरण सेठ के साथ डागर बंधु।

मायनों में यह एक अनूठा सम्बन्ध था। उनसे हमारा सम्बन्ध अगस्त/सितम्बर 1992 में बना, जब दिल्ली के सप्रू हाउस में एक संगीत समारोह के बाद उन्होंने आशा और मुझे अपने घर आमंत्रित किया। हमें तब पता चला कि घर में कुछ देरी होने के कारण उन्होंने उस दिन कुछ भी नहीं खाया था। बामाजी की आदत थी कि वे अपनी किसी भी प्रस्तुति के कुछ घंटे पहले कुछ नहीं खाया करते थे। वे संगीत के प्रति इतने समर्पित थे कि अगर उन्हें संगीत के लिए उपयुक्त माहौल मिले तो उन्हें और किसी चीज़ की परवाह नहीं रहती थी।

'फिर भी, दिन भर खाना न खाने के बावजूद, जब उस्ताद वसीफुद्दीन डागर की माँ ने उन्हें हिचकिचाते हुए कुछ गाने के लिए कहा (उनके परिवार ने बहुत दिन से उनका गायन नहीं सुना था। क्योंकि वे जापान से टूर करके तभी ही लौटे थे), उन्होंने गाना शुरू किया। हमारी बैठक पहले के कार्यक्रम से भी कहीं ज्यादा लंबी चली। जब उन्होंने संगीत का एक असाधारण समां बाँध दिया, करीब तीन घंटों तक किसी को खाने की सुध ही नहीं रही। उन्हें अपने संगीत से ही पोषण मिल जाता था जब वे अपने संगीत में डूबे रहते थे। जैसा कि विशेषज्ञ और उनके साथी मानते थे, उनका संगीत तकनीकी रूप से उत्तम था और हमारे लिए वह बहुत भावपूर्ण था, क्योंकि वह

अमीनुद्दीन–पंडित विट्ठल दास गुजराती, शबनम अरोड़ा और लॉरेंस बस्तीट साथ में संगत देते हुए।

हमें उस जगह पहुँचा देता था जहाँ केवल शांति थी। यह शांति इतनी ठोस मालूम होती थी कि जैसे हम उसे छू सकते थे; एक ऐसा समां बंध जाता था जहाँ प्रशंसा में ताली बजाना भी उस पावन स्थान का उल्लंघन करना था।'

बामाजी द्वारा उन्हें शिष्य के रूप में स्वीकार किए जाने के बारे में विश्वनाथ एक रोचक कहानी सुनाते हैं: 'कोलकाता और पिलानी में संगीत के शिक्षकों द्वारा बार-बार ठुकरा दिए जाने के बाद, मुझे बहुत हैरानी हुई जब बामाजी ने एक टेस्ट के बाद मुझे अपना शिष्य बना लिया। श्री लुडविग और श्री शशिमोहन भट्ट द्वारा अस्वीकार किए जाने के बाद बामाजी द्वारा स्वीकार किया जाना बहुत हैरानी की बात थी। बामाजी ने बताया कि ढंग से सुन पाना पहली आवश्यकता होती है; संगीत के स्वर तो बाद में भी सिखाए जा सकते हैं और आवाज़ को, उनके अनुसार "आवाज़ संस्कृति" के माध्यम से प्रशिक्षित किया जा सकता है। वास्तव में, संगीत सीखने में सबसे बड़ी बाधा केवल ढंग से न सुन पाना है। इसके अलावा, आपको सिर्फ कला के प्रति समर्पण और निष्ठा भाव चाहिए।'

इसके बाद उन्होंने इस महान कलाकार की सेहत, उनके संगीत, और जीवन के प्रति रवैये की कहानियाँ सुनाईं: 'बहुत रोकने के बाद, उन्होंने मुझे उनके पाँव दबाने

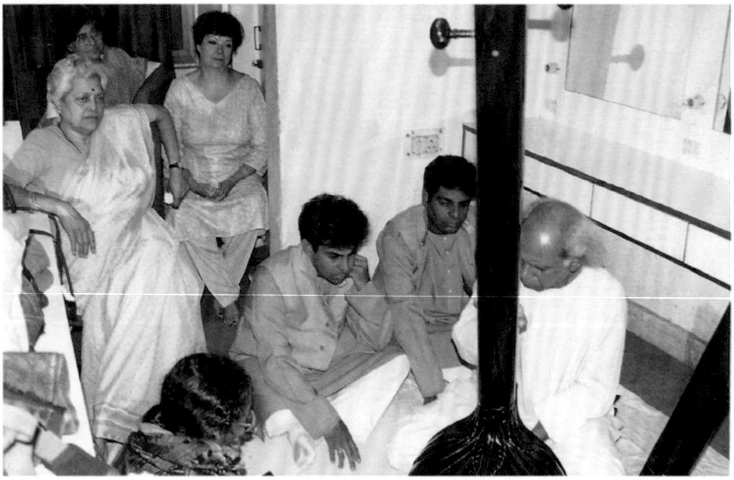

ऊपर: *भारतीय-जापानी राजनयिक संबंधों की 60वीं वर्षगांठ के उपलक्ष्य पर समारोह में भाग लेते हुए मोहन श्याम शर्मा, लॉरेंस बस्तीट और क़मर के साथ वसीफुद्दीन, यौंगें-जी मंदिर, नारा, जापान, 2012. फोटोग्राफ: केन*

नीचे: *एक कर्यक्रम के पहले सईदुद्दीन, आशा गाडगिल और लॉरेंस बस्तीट के साथ ग्रीन रूम में नफ़ीसुद्दीन और अनीसुद्दीन।*

की इजाजत दी, क्योंकि वे हमेशा तकलीफ में रहते थे; लेकिन उन्होंने इसके बारे में कभी शिकायत नहीं की, बस चुपचाप दर्द सहते रहते थे। मैंने देखा कि उनके पांवों में बहुत सूजन थी, जो कि अच्छा संकेत नहीं था। इसके इलाज के लिए डायलिसिस की जरूरत थी। बहुत मुश्किल से बामाजी एक विशेषज्ञ, डॉ. रमेश कुमार के पास जाने के लिए माने। हमारे संदेह की पुष्टि हो गई। अब सब, उनके संगीत पर असर डाले बिना, बीमारी को नियंत्रण करने में लगे। उनके खाने-पीने पर रोक लगी और डायलिसिस की प्रक्रिया को न करने के लिए दवाइयाँ शुरू की गईं। पूरा परिवार, जो कि बहुत स्नेहिल है, बहुत चिंतित था लेकिन असहाय था।

ऊपर: *गंडाबंधन संस्कार के दौरान आशा गाडगिल की कलाई पर धागा बांधते हुए डागर बंधु।*

नीचे: *गंडाबंधन संस्कार के अवसर पर।*

'लेकिन, बामाजी डायलिसिस के भरोसे केवल जीवित नहीं रहना चाहते थे अगर संगीत से उनका साथ छूट जाए, क्योंकि संगीत के बगैर उनके लिए जीवन का कोई अर्थ ही नहीं था। उनके लिए परिवार महत्वपूर्ण था, लेकिन संगीत बिना जीवन की कोई कीमत नहीं थी। उनके लिए संगीत ही जीने का स्त्रोत था और ईश्वर को पाने का तरीका था। यहाँ यह भरोसे से कहा जा सकता है कि संगीत उनके लिए सत्य के साथ एक होने का माध्यम था- इसे कई नाम दिए जा सकते हैं, लेकिन साधक "अहंकार खत्म" कर ही इसे पा सकता है। बामाजी का संगीत श्रोता को सत्य से रुबरु देता था। यह अनुभव ही जीने के लिए काफी था। उनका संगीत का स्त्रोत

Dhrupad
Society

उनके भीतर ही छिपा हुआ था; वह पूरी तरह आत्मकेंद्रित थे। वे आँखें बंद कर लेते थे और गाना शुरू करने से पहले ही खुद में डूब जाते थे और उन्हें किसी प्रशंसा या बाहरी अशान्ति का पता भी नहीं चलता था। उनके लिए केवल *तानपुरा* की आवाज ही मायने रखती थी। उन्हें प्रशंसा भी परेशान कर देती थी, क्योंकि तब उन्हें रुक कर सराहना स्वीकार करनी पड़ती थी। उनके लिए संगीत सार्वभौमिक सत्य पाने का एकमात्र तरीका था। यह उनके लिए प्रार्थना से भी बढ़कर था; ऐसा लगता था मानो वे संगीत के प्रवाह का माध्यम थे।

'संतों ने कहा है कि कर्म आवश्यक नहीं है, केवल रहस्योद्घाटन की जरूरत होना ही सब कुछ है। जब हम बाहरी दुनिया से हटकर अपनी भीतरी दुनिया में समाने लगते हैं तब ही यह यात्रा शुरू होती है- जब बामाजी गाते थे तब कुछ ऐसी ही अनुभूति होती थी।

'एक शाम, जब परिवार जयपुर में था और बामाजी को दिल्ली में रुकना पड़ा, आशा और मैं अपनी *तालीम* के बाद उनके साथ बैठे हुए थे, जब हमने उनसे कुछ गाने के लिए अनुरोध किया। उन्होंने सुझाव दिया कि हम कल तक रुक जाएँ। वह हमेशा मुस्कुरा कर कहते थे, "*कलाकार के मूड की बात है।*" धैर्य किसी भी शिष्य के लिए एक गुण है, चाहे वह किसी भी विषय का शिष्य हो। हमें उन्हें सुनकर बहुत अच्छा लगता था, क्योंकि हम एक ऐसी साधना अवस्था में पहुँच जाते थे जो कि मुझे खुद से पाने में कठिनाई होती थी। यह सम्पूर्ण आनंद की अनुभूति थी।

'अगले दिन हम फिर उनके साथ बैठे थे। बहुत गर्मी थी- यहाँ तक कि चिड़िया भी शांत थीं। मामाजी अपने कमरे में थे और नन्हे मामू [बामाजी के चचेरे भाई] उस समय बाहर बैठे थे। शायद हमारे धीरज को पुरस्कृत करने और गर्म मौसम को देखते हुए, उन्होंने *मियां की मल्हार* का *आलाप* शुरू किया, जो कि करीब एक घंटे

सामने का पृष्ठ: *ध्रुपद सोसायटी ऑफ दिल्ली द्वारा ध्रुपद समारोह के दौरान* तानपुरा *पर आशा गाडगिल के साथ अमीनुद्दीन, 1986*

नीचे बाएँ: *तत्कालीन भारतीय राष्ट्रपति श्री आर. वेंकटरमण से संगीत नाटक अकादमी पुरस्कार प्राप्त करते हुए ज़हीरुद्दीन। चित्र में गिरीश कर्नाड, अध्यक्ष, संगीत नाटक अकादमी भी दिखाई दे रहे हैं, जयपुर, 1991*

नीचे दाएँ: *संगीत नाटक अकादमी पुरस्कार से सम्बंधित संगीत समारोह में ज़हीरुद्दीन की प्रस्तुति के बाद वीणा विद्वान एस. बालचंद्र ज़हीरुद्दीन को सम्मानित करते हुए, जयपुर 1991*

तक चला। तभी अचानक वे रुक गए और कहा, "मुझे लगता है कि इसे दूसरे दिन जारी रखा जाए।"

'मैं बाहर बैठक में गया जहाँ नन्हे मामू ने बताया कि हलकी बारिश हुई थी और गर्मी में कुछ कमी आई थी। जब तक मैंने खुद बाहर जा कर अपनी आँखों से नहीं देखा, मुझे इस बात का विश्वास नहीं हुआ। मैं इसका यही अर्थ लगा सकता हूँ कि बामाजी ने *मियाँ की मल्हार* इसलिए रोक दिया क्योंकि वे नहीं चाहते थे कि हमें लगे कि वे बारिश के लिए जिम्मेदार थे।

'दोनों डागर भाई गाते हुए आँखें बंद कर लेते थे। अजीब बात यह है कि अपनी पसंद का संगीत सुनने का हमारा तरीका भी यही है। जब मैंने बामाजी से आँख बंद करने का कारण पूछा, वे मुस्कुरा कर बोले कि यह भी उसी कारण था जैसे हम उन्हें आँख बंद कर सुनते थे। उन्होंने यह भी कहा कि इससे बाहरी चीजों से उनका ध्यान नहीं बंटता था और वे पूरी तरह से संगीत में तल्लीन हो पाते थे। उन्होंने शरारती अंदाज़ में मुस्कुराते हुए कहा कि इससे वे श्रोताओं की सराहना लेने और उसके लिए उन्हें धन्यवाद करने से बच जाते थे...।'

बामाजी के संगीत की ताकत से अभिभूत हुए विश्वनाथ ने आगे कहा, 'अगर हम ध्यान दें और सीखना चाहें तो जिंदगी हमें हमेशा सिखाती रहती है। जबकि प्राय:

सईदुद्दीन, अनीसुद्दीन, फहीमुद्दीन, मोहसिनुद्दीन, नफ़ीसुद्दीन, वसीफुद्दीन और अलीमुद्दीन। यह अंतिम बार था जब फहीमुद्दीन ने जयपुर वाले घर में गाया, 2010

सभी कलाकार अच्छा गा लेते हैं, बामाजी के गाये *राग सोहोनी* में व्यक्त करुणा भाव और पवित्र लालसा श्रोताओं को मंत्रमुग्ध कर देती थी। और उनके गाये *पूजन चली महादेव को (राग मालकौंस)* में सुनने वाला *सहस्रार* तक सिहर उठता था। यह अनुभव आजीवन याद रहेंगे। बामाजी के संगीत में सबके लिए कुछ न कुछ होता था, चाहे वह शुद्धिवादी हो, आलोचक हो, शिष्य हो या साधक हो।'

विश्वनाथ ने एक और रोचक किस्सा सुनाया जब बामाजी कॉलेज में भौतिक विज्ञान पढ़ते थे: 'एक बार वह प्रयोगशाला में ध्वनि संबंधी एक प्रयोग कर रहे थे, जिसमें ट्यूनिंग फोर्क से निकलने वाली आवाज की आवृत्ति निकालनी थी। सामान्य तरीका इस्तेमाल करने के बजाय, चूंकि उन्हें ध्वनि की ज्यादा समझ थी, बामाजी ने ट्यूनिंग फोर्क की हर्ट्ज मान (आवृत्ति) लिख दी। प्रोफ़ेसर को यह ठीक नहीं लगा और उन्होंने बामाजी को एक और ट्यूनिंग फोर्क दिया। बामाजी ने उसे प्रोफेसर की मौजूदगी में सुना और हर्ट्ज मान लिखा। मान फिर सही था, लेकिन उसका तरीका मान्य तरीके जैसा नहीं था। प्रोफेसर ने उन्हें कहा कि या तो वे नियत तरीका अपनाएं या फिर क्लास छोड़ दें। बामाजी को सामान्य शिक्षा प्राप्त करने से संगीत में रमना ज्यादा बेहतर लगा। इसके बाद उन्होंने अपना पूरा समय अपने प्रिय कार्य में लगा दिया।'

आशा भी अपनी यादें साझा करना चाहती थीं: 'एक बार मैंने बामाजी के लिए ओशो आश्रम, पुणे से शून्यता पर एक सूफी किताब दी। उन्होंने उसे खोला, मुस्कुराए और रख ली। यह भेंट केवल एक सूफी ही सराह सकता था, क्योंकि इसमें कोई वार्तालाप नहीं था। हमें बामाजी के साथ बहुत मजा आता था और मुझे विश्वास है कि उन्हें भी हमारे साथ अच्छा लगता था। वे साल अनूठे थे और उनके सान्निध्य में रहना बहुत सम्माननीय था।'

वे खुद को बहुत सौभाग्यशाली मानती हैं कि उन्हें बामाजी और वसीफुद्दीन के साथ संगीत समारोहों में *तानपुरा* बजाने का मौका मिला। उनके अनुसार, बामाजी की गायिकी में राग का सार मिलता था जो कि स्वरों की सीमाओं से परे होता था। यह शायद इसलिए था, क्योंकि बामाजी के संगीत में ध्यान का तत्त्व मौजूद रहता था। जब बामाजी गाते थे तब समय मानो थम जाता था, लेकिन साथ ही जल्दी गुजर जाता था। कई बार प्रस्तुति के बाद, बामाजी मुस्कुरा कर उनसे पूछते थे, 'कार्यक्रम कैसा था?' आशा जवाब देती थीं, *'मज़ा नहीं आया'* और वे मुस्कुरा कर उत्तर देते, *'चलो अगली बार फिर कोशिश करेंगे'*।

आशा याद करती हैं, 'बामाजी को पता था कि मेरा तरीका था यह कहने का कि मैं और ज्यादा सुनना चाहूंगी... वे इतने ही स्नेहपूर्ण, चंचल और साथ ही सुलझे हुए थे।'

वसीफुद्दीन के छात्र, सपना मुखर्जी, रिंकू लाम्बा और आरती शर्मा गौड़, डागर बंधु मेमोरियल ट्रस्ट प्रोग्राम में प्रस्तुति देते हुए, इंडिया इंटरनेशनल सेंटर, नई दिल्ली, 2013

वे आगे कताती हैं: 'बामाजी कहते थे कि संगीत एक समुद्र समान है, जितना गहराई में जायेंगे, उतनी परतें खुलती चली जायेंगी; यह अनंत और अथाह है। बामाजी और वासिफ साहिब के साथ *तानपुरा* बजाने में समय जाने कहाँ बीत जाता था और समारोह खत्म हो जाता था। यह बहुत अनोखा अनुभव होता था और मैं परिपूर्ण महसूस करती थी। बामाजी कि *गमक* एक शेर की दहाड़ की तरह थी और उनकी *आन्दोल* एक ठंडी बयार से भी ज्यादा सुखदायक। उन्होंने भारतीय शास्त्रीय संगीत की गरिमा बढ़ाई और कभी भी *डागरवाणी* की परम्पराओं, शैली, तत्त्व और गायिकी से समझौता नहीं किया। संगीत में इतनी ऊंचाइयाँ छू लेने के बावजूद वे एक साधारण और सामान्य जीवन जीते थे। अपने सान्निध्य में रहने वालों के लिए वे प्रेम से परिपूर्ण थे। अपने बड़ों से उन्होंने जो भी सीखा, उसे आत्मसात किया और आगे आने वाली पीढ़ियों को देने का हर संभव प्रयास किया ताकि *डागरवाणी* की गौरवशाली परम्परा कायम रहे। उनके भतीजे, वसीफुद्दीन ने इस परम्परा को उसी जोश और निष्ठा से जारी रखा है। भारत परंपराओं में समृद्ध है और इसकी कला की

दुनिया भर में प्रशंसा होती है; बामाजी और *डागरवाणी* की परम्परा इसका जीता जागता उदाहरण है...।'

चालीस वर्षीय नरेंद्र गौड़, पेशे से आईटी इंजीनियर हैं और वसीफुद्दीन के शिष्य हैं। वे याद करते हैं, '2006 में मुझे उस्ताद बहाउद्दीन डागर की रूद्र *वीणा* पर *पूरिया राग* की सीडी मिली। यह इतनी शानदार थी कि मैं ध्रुपद की और सीडी तलाशने लगा; मुझे दूसरी सीडी मिली *दि रॉयल कलेक्शन ऑफ मेवाड़* जो कि वरिष्ठ डागर बंधुओं, उस्ताद नासिर मोइनुद्दीन डागर और उस्ताद नासिर अमीनुद्दीन डागर द्वारा थी। यह भी *पूरिया राग* में थी और मैं उसे रोज रात को सुनने लगा।' 'मुख्यत: इसके मननशील और *गंभीर* प्रकृति की वजह से मैं इस तरह के संगीत की तरफ आकर्षित हुआ। मुझे इस संगीत की यही खूबी सबसे ज्यादा पसंद है... मैं आँख बंद कर लेता हूँ और ध्यानमग्न हो जाता हूँ। तभी मुझे यह ख्याल आया कि अगर केवल सुनने से मुझे इतनी शांति मिलती है, तो संगीतकार पर इसका कितना प्रभाव पड़ता होगा? मुझे विश्वास हो गया कि इस तरह का संगीत केवल सुनने के लिए ही नहीं है। सबसे ज्यादा आनंद इसे सीखने और खुद बजाने में है। तभी मैंने गुरु तलाशना शुरू किया और आखिरकार मुझे अपने संगीत के गुरु मिल गए, वसीफुद्दीन डागर।'

नरेंद्र के छोटे भाई गोपेश और भाभी आरती शर्मा भी ध्रुपद के प्रति आकर्षित हुए और वसीफुद्दीन के शिष्य हैं। 25 वर्षीय आरती का कहना है, 'जब मैंने पहली बार ध्रुपद सुना, मैंने पाया कि इसमें तेज गति पाने की कोई जल्दी नहीं थी और दूसरे शास्त्रीय संगीत के प्रकारों के विपरीत, इसमें कलाकार का उद्देश्य स्टेज पर कठिन व जटिल नमूना गाना नहीं होता है।' 'उस्ताद बहुत शांतचित्त बैठे *आराधना* कर रहे थे। वह धीरे-धीरे राग खोल रहे थे मानो एक कली धीरे-धीरे एक खूबसूरत फूल में परिवर्तित हो रही हो। आप हरेक *डागरवाणी* अनुयायी से यही सुनेंगे कि राग ऐसा नहीं है कि आप सीख कर तुरंत गाने लगें। हमारी तरह ही, यह एक जीवन्त व्यक्तित्त्व है। इसे गाने के लिए राग के प्रत्येक व्यक्तित्त्व को जानना जरूरी है, नहीं तो आप उसके साथ न्याय नहीं कर सकते।'

'मैंने ध्रुपद इसलिए चुना, क्योंकि मुझे असली गुरु की तलाश थी, न कि सिर्फ एक शिक्षक की जो थोड़ी जानकारी रखता हो। उस्ताद वसीफुद्दीन डागर में मेरी तलाश पूरी हुई। उनकी शैली ध्रुपद थी, इसलिए मैंने ध्रुपद चुना। वे अपने शिष्यों को एक गर्भवती माँ की तरह पोषित करते हैं। उन्हें पता होता है कि गर्भ में पल रहे बच्चे के पोषण के लिए क्या करना चाहिए।

हमारे गुरु हमें इसी तरह सिखाते हैं। उनके साथ चुपचाप बैठ कर भी हमें बहुत ऊर्जा मिलती है।'

उनके पति गोपेश, 31 वर्षीय जो कि इलेक्ट्रिकल इंजीनियर हैं, ने आगे कहा: '1998-1999 में अपने बड़े भाई *नरेंद्र* की बदौलत, जो कि उस समय बांसुरी बजाना सीख रहे थे, भारतीय शास्त्रीय संगीत में मेरी रुचि हुई और हम साथ में भारतीय शास्त्रीय संगीत सुना करते थे। उस समय तक ध्रुपद में हमारा सूत्रपात नहीं हुआ था। 2003 में मैंने *ख़याल* सीखना शुरू किया और चार साल बाद, मेरे भाई वसीफुद्दीन डागर के शिष्य बने। भाई से ही मुझे उनके (व ध्रुपद के बारे में भी) बारे में पता चला। एक बार छुट्टियों में मेरी उनसे मुलाक़ात हुई (मैं बेंगलुरु में काम करता था और मेरा परिवार गुड़गाँव में रहता था)। उसी एक मुलाकात में मुझे लगा कि मेरी इतने दिन की खोज सफल हो गई। *डागरवाणी* ध्रुपद इतना मर्मस्पर्शी है, ध्यानात्मक है, कि आपके दिल को छू लेता है। मैंने उसी समय उनसे सीखने का निर्णय किया। कुछ महीनों बाद मुझे गुड़गाँव में नौकरी मिली और मैंने यहाँ आकर ध्रुपद सीखना शुरू किया।'

गोपेश का मानना है कि *डागरवाणी* ध्रुपद इतना खास इसलिए है, क्योंकि यह *श्रुति*-आधारित संगीत है, जिसमें विशिष्ट सूक्ष्म स्वर हैं। 'गुरुजी की सिखाने की शैली भी अनूठी है; वे बगैर बताये आपको बहुत कुछ सिखा जाते हैं। और जब आप अभ्यास शुरू करते हैं, जितना ज्यादा आप छान-बीन करते हैं, उतना ही आप उसके प्रति आकर्षित होते जाते हैं। मेरा यह दृढ़ विश्वास है कि आप गुरु यूँही नहीं पा लेते, समय आने पर एक अनदेखी शक्ति आपको उसके पास भेजती है। मेरा मानना है कि ईश्वर की कृपा से ही मैं अपने गुरु, मेरे उस्ताद के पास आया और उनसे सीखने का निर्णय किया। मैं अपने को बहुत खुशकिस्मत समझता हूँ कि मुझे उनसे सीखने का मौक़ा मिला और मेरी कृतज्ञता को व्यक्त करते के लिए शब्द काफी नहीं हैं।'

पत्रकार-फोटोग्राफर, 27 वर्षीय अंकित अग्रवाल भी वसीफुद्दीन से ध्रुपद सीख रहे हैं। अंकित कहते हैं, 'मैं एक पारंपरिक मध्यम-वर्गीय *बनिया* परिवार से हूँ जहाँ कला और संस्कृति से कोई नाता नहीं है, बल्कि मेरे परिवार में कला से किसी का दूर-दूर तक कहीं कोई वास्ता नहीं रहा। सभी को बहुत हैरानी हुई जब मैंने सरकारी नौकरी या बिजनेस में रुचि न दिखा कर पत्रकारिता, फोटोग्राफी और संगीत को अपना पेशा बनाने का निर्णय किया।' 'कला और संस्कृति में मेरी रुचि 2005-2009 के बीच जगी जब मैं वाराणसी में बनारस हिंदू विश्वविद्यालय में पढ़ता था। पाठ्येतर गतिविधियों में रुचि होने के कारण, मैंने शहर में घूमना शुरू किया और कुछेक सांस्कृतिक कार्यक्रम देखे। मैंने गंगा महोत्सव और संकटमोचन समारोह

में *ख़याल, ठुमरी, चैती, कजरी, टप्पा* आदि सुना। हार्मनी बुक शॉप, जहाँ भारत संबंधी सर्वश्रेष्ठ पुस्तकें मिलती हैं, के मालिक राकेश सिंह ने मुझे ध्रुपद मेले के बारे में बताया। मैं वहाँ गया और उस्ताद ज़िया फरीदुद्दीन डागर का गायन सुना। ध्रुपद से यह मेरी पहली भेंट थी। यह संगीत अब तक के मेरे सुने संगीत से बिलकुल भिन्न था। यह बहुत उदात्त और ध्यानपूर्ण था। खराब साउंड सिस्टम के बावजूद, मेरे जैसा संगीत से अनजान व्यक्ति उस संगीत की गहराई को भांप पा रहा था। उसके बाद एक साल का अंतराल रहा, क्योंकि मुझे शहर में दूसरा ध्रुपद समारोह नहीं मिला। इसके बाद मैं चेन्नई में एशियन कॉलेज ऑफ जर्नलिज़्म गया जहाँ कला समीक्षक और विद्वान सदानंद मेनन ने मुझे शास्त्रीय संगीत सीखने के लिए प्रेरित किया। उन्होंने मुझे *चंद्रलेखा* की कोरियोग्राफी भी दिखाई जिसमें ध्रुपद का व्यापक प्रयोग होता है। कॉलेज से निकलने के बाद मैं काम के लिए 2010 में दिल्ली आया। जुलाई 2012 में डॉक्यूमेंट्री निर्माता नंदन सक्सेना ने उस्ताद रहीम फहीमुद्दीन डागर की स्मृति में इंदिरा गाँधी नेशनल सेंटर फॉर दी आर्ट्स (आईजीएनसीए) में आयोजित ध्रुपद समारोह में मेरी मुलाकात उस्ताद वसीफुद्दीन डागर से करवाई। यह सुनकर कि वे दिल्ली में ही रहते हैं, मैंने उनसे तुरंत पूछा कि क्या मैं उनसे सीख सकता हूँ? अगले सप्ताहांत, उन्होंने मुझे एक आवाज़ परीक्षण और चर्चा के लिए बुलाया और शिष्य के रूप में स्वीकार कर लिया।

यह मानते हुए कि कलाओं में रुचि बहुत व्यक्तिपरक और निजी मामला है, अंकित ने बताया कि उन्हें ध्रुपद की अमूर्तता और ध्यानपूर्णता ने, जो कि *आलाप* में पाई जाती है, सबसे ज्यादा आकर्षित किया। 'एक अच्छा *आलाप* मुझे आँख बंद कर केवल सुनने के इए बाध्य करता है। संगीत वैज्ञानिक और दार्शनिक सुशील कुमार

बाएँ से दाएँ: *फरीदुद्दीन, ज़हीरुद्दीन, फहीमुद्दीन, अमीनुद्दीन, मोहिउद्दीन, फैयाज़ुद्दीन और सईदुद्दीन, डागर सप्तक ध्रुपद, मार्बल पैलेस, कोलकाता, 1983*

सक्सेना के अनुसार, यह एक स्वरुप के बजाय एक प्रचंड प्रसार, एक वातावरण है। भारतीय संगीत का शायद यह सबसे संतोषजनक पहलू है। *तानपुरा* के अलावा किसी और वाद्य का न होना शायद इस भावना को और बढ़ाता है।'

वसीफुद्दीन डागर के पहले शिष्य थे आईटी इंजीनियर संतोष कुमार, जो कि अब 40 के मध्य में हैं और जिनसे डागर घर में मेरी कई बार भेंट हुई। संतोष की संगीत यात्रा स्कूल में शुरू हुई जब उन्होंने हिन्दुस्तानी शास्त्रीय कंठ संगीत को एक विषय के रूप में चुना। उनके पिता, विश्वनाथ ठाकुर, जो कि जौहरी और संगीतकार थे, शहनाई और हारमोनियम बजाते थे और सनातन संकीर्तन समाज नामक एक *कीर्तन मंडली* में कीर्तन गाते थे। वे अपने बेटे को कई संगीत समारोहों में साथ ले जाते थे। 1982 में ऐसे ही एक कार्यक्रम में संतोष ने पंडित राम चतुर मलिक, जो कि ध्रुपद में दरभंगा स्कूल के अगुआ थे, को उनके शहर जयनगर, बिहार में गाते हुए सुना। *पखावज* पर पंडित रामाशीष पाठक उनका साथ दे रहे थे।

संतोष ने आगे बताया: 'दूसरी महत्वपूर्ण घटना तब हुई जब मैंने डागर बंधु, नासिर ज़हीरुद्दीन डागर और नासिर फैयाज़ुद्दीन डागर को भारतीय प्रौद्योगिकी संस्थान, चेन्नई में स्पिक मैके द्वारा आयोजित संगीत समारोह में गाते हुए सुना। उस दिन समारोह में सुना *राग मालकौंस* मुझे आज भी याद है। उसके बाद 1985 में कॉलेज के लिए मैं दिल्ली आया। मैं गुरु की खोज में था। ध्रुपद सोसायटी, परम्परा परिचय (नई दिल्ली, 1987) द्वारा आयोजित एक समारोह में दरभंगा स्कूल के पंडित विदुर मलिक के मार्फत मैं डागर बंधुओं से मिला। फैयाज़ुद्दीन डागर ने मुझे ऑडिशन के लिए बुलाया और मेरी खुशी का ठिकाना नहीं रहा, जब उन्होंने मुझे बताया कि मैं संगीत शिक्षा लेना शुरू कर सकता हूँ। मैंने उसी साल वसीफुद्दीन डागर से ध्रुपद कंठ संगीत सीखना शुरू किया। मैं खुशकिस्मत था कि कभी-कभी मुझे डागर बंधुओं से भी सीखने को मिलता था। मुझे डागर परिवार के अन्य जाने-माने सदस्यों से भी मार्गदर्शन मिला और नई तकनीकें भी सीखने को मिलीं।'

संगीत का शिष्य होने के नाते, संतोष को मालूम था कि ध्रुपद भारतीय शास्त्रीय संगीत की सबसे मजबूत कड़ी है और उसमें से ही कई संगीत शैलियाँ उभरीं, जैसे- *ख़याल, तराना, ठुमरी, दादरा, टप्पा* आदि। डागर बंधुओं से सीखने के अवसर ने उन्हें बहुत उत्साहित किया। बाद में वे अमीनुद्दीन डागर बुलावे से प्रेरित हो देवी सरस्वती, ध्रुपद की सेवा में जुट गए। वह मानते हैं कि ध्रुपद के साथ उनकी यात्रा बहुत संतोषजनक थी। मैंने यह संगीत *गुरु-शिष्य परम्परा* में सीखा। हम रोज सुबह 8.30 से करीब 11.00 बजे तक *राग भैरव* में *रियाज़* करते। फिर नाश्ते के बाद हम दोबारा *रियाज़* के लिए बैठते जो कि करीब 2.00 बजे तक चलता। फिर हम दोपहर

फैयाज़ुद्दीन का गायन एक दिव्य प्रस्तुति की तरह था।

के खाने के लिए उठते। थोड़ा आराम करने के बाद, हम 5.00 बजे दोबारा बैठते। शाम का सत्र करीब 7.00 बजे शुरू होता था। छुट्टी भर यही नियमित कार्यक्रम चला। बाद में जब मैं नौकरी करने लगा, *रियाज़* के घंटे व समय बदल गया, लेकिन संगीत की खोज जारी है।'

ध्रुपद के इतिहास से भली-भांति परिचित, संतोष इसकी उत्पत्ति सामवेद से मानते हैं। ध्रुपद का *मूल* मंत्र (वह मूल मंत्र जिसके आधार पर आध्यात्मिक नींव बनती है) है: *ॐ अनन्ता तम तारण तारिणी त्वं, हरि ॐ नारायण, अनंता हरि ॐ नारायण* (हे प्रभु, हम घोर अन्धकार में हैं, कृपया हमें इस अँधेरे से बाहर निकालें)।

ऊपर दाएँ: *पखावज की ट्यूनिंग करते हुए पंडित मोहन श्याम शर्मा, साथ में तानपुरा पर संतोष कुमार हैं. फोटोग्राफ: विकास फेंदनी।*

नीचे दाएँ: *नफ़ीसुद्दीन और अनीसुद्दीन गाते हुए, तानपुरा पर इक़बाल खान और संतोष कुमार, ध्रुपद समारोह के दौरान फहीमुद्दीन अंदर बैठे हैं।*

वह इसकी तुलना संस्कृत के एक *श्लोक* से करते हैं:
तमसो मा ज्योतिर्गमय (मुझे अंधकार से प्रकाश की ओर ले चलें)।

ध्रुपद की विभिन्न तकनीकें- *आकार, गमक, लहक, डागर, धुरन, मुरन, कम्पित, आन्दोल, स्फूर्ति, हुडक*- सभी को आत्मसात करना आवश्यक होता है ताकि किसी भी प्रस्तुति में राग की आवश्यकतानुसार, रस (भाव), *ताल* (समय चक्र), *लय* और कविता में कोई बदलाव किए बिना, इनका प्रयोग हो सके। संतोष ने आगे समझाया, 'कविता की रचना में आशुरचना एक और महत्वपूर्ण पहलू है। संगीत ध्वनि, *नाद*,

में दो पहलू हैं- *ना* अर्थात सांस और द अर्थात अग्नि (बुद्धि की)। *नाद* के दो प्रकार हैं- *आहत* और *अनाहत*। पहले से आनंद मिलता है और दूसरे से आत्मा को मुक्ति मिलती है। इसलिए भारतीय संगीत को *मोक्ष* पाने का सबसे छोटा रास्ता माना जाता है। *नाद* की व्यापकता बैजू बावरा, मियां तानसेन, स्वामी हरिदास और गोपाल नायक द्वारा रचित कई पारंपरिक रचनाओं में पाई जाती है।

'मुझे लगता है कि इस ध्रुपद परिवार में शिक्षा पाने से आपको संगीत की धरोहर में और गहरे पैठ की प्रेरणा मिलती है। साथ ही, स्वरों की शुद्धता अगर सही *श्रुति* अनुसार प्रयोग की जाए तो आपकी मनोदशा सुधरती है और आप आध्यात्मिक रूप से उन्नति करते हैं। इसलिए तकनीकी उन्नति के साथ-साथ आध्यात्मिक उन्नति भी होती है।'

अपने व्यस्त कार्यक्रम के बावजूद, संतोष *रियाज़* करने और शिक्षा देने के लिए समय निकलते हैं। इसके लिए उन्हें समय प्रबंधन कौशल की जरूरत होती है, लेकिन उनका कहना है कि ईश्वर की कृपा और गुरु के आशीर्वाद से यह संभव हो पाता है। अगर वे अभ्यास न कर पायें, तो उन्हें जीवन में कुछ खाली-खाली लगता

ध्रुपद समारोह, के दौरान इक़बाल खान, वसीफुद्दीन और जेफ़ लुईस के साथ अमीनुद्दीन और मोहिउद्दीन, जयपुर, 1982

है। *गुरु-शिष्य* परम्परा में संतोष का पहला ध्रुपद एकल कार्यक्रम 1998 में हुआ था। इसका आयोजन ध्रुपद सोसायटी, नई दिल्ली ने किया था। तब से उन्होंने कई जगहों पर प्रस्तुति दी है- बनारस ध्रुपद मेला,; सुर सिंगार संसद, मुम्बई; सबरंग सोसायटी, जयपुर; डागर बंधु मेमोरियल ट्रस्ट, नई दिल्ली; और जवाहरलाल नेहरु विश्वविद्यालय, नई दिल्ली। 2004 में उन्होंने अपने *गुरु* भाई पंडित हरिनाथ झा के साथ ध्रुपद *जुगलबंदी* भी प्रस्तुत की है। वे भारतीय सांस्कृतिक संबंध परिषद द्वारा वसीफुद्दीन डागर के नेतृत्व में सांस्कृतिक आदान-प्रदान कार्यक्रम के अंतर्गत पाकिस्तान भेजे गए एक कलाकारों के एक जत्थे का भी हिस्सा रहे थे।

संतोष ने बताया, 'प्रत्येक ध्रुपद समारोह में श्रोता अलग होते हैं। वहाँ की ऊर्जा भी उसी के अनुसार अलग होती है। भाव के अनुसार चुना गया राग भी भिन्न होता है। इस परिवार में सुना गया संगीत मेरे मस्तिष्क में घूमता रहता है और मैं मंत्रमुग्ध

रेडियो फ्रांस इंटरनेशनल (आरएफआई) के स्टूडियो में इंटरव्यू देते हुए वसीफुद्दीन, साथ में मुशर्रत और क़मर, पेरिस।

अपने शिष्यों के साथ ओशो वर्ल्ड में वसीफुद्दीन, नई दिल्ली।

हो जाता हूँ। यहाँ बहुत ऊंचे लक्ष्य साधे जाते हैं, और अगर मैं उनके साथ न्याय कर पाऊँ तो खुद को धन्य मानता हूँ। नई दिल्ली में डागर घर पर एक निजी गायिकी के कार्यक्रम में आज भी मुझे ज़हीरुद्दीन, फहीमुद्दीन और असद अली खान का *राग खमाज* में अकेले और साथ में गायन याद है। वह अनूठा अनुभव मेरे मानस पटल पर अंकित है।'

डॉक्यूमेंट्री फिल्म निर्माता रेणुका जॉर्ज, जो कि 1986 से डागर बंधुओं को जानती हैं,ने भी अपना अनूठा अनुभव साझा किया। वे फ्रांस में रहतीं थीं जब पहली बार ध्रुपद संगीत और डागर परिवार से उनका सामना हुआ। एक निजी संगीत समारोह के लिए, जहाँ ज़हीरुद्दीन और फैयाज़ुद्दीन कार्यक्रम दे रहे थे, आमंत्रण उनके जीवन में बदलाव लाया: 'उस शाम मैं उनके संगीत के प्रेमपाश में बंध गई। वे याद करती हैं कि, 'बाद के वर्षों में भी वे फ्रांस लौटे और लॉरेंस बस्तीट की बदौलत, जो कि उनके साथ बहुत समय से रही हैं, मैं उन्हें और बेहतर जान पाई। मुझे बार-बार उनके संगीत की शुद्धता और मितव्ययिता हैरान करती थी- उस गायन में कुछ छिपा नहीं था, और उन्हें हमेशा ही उत्तम होना था। मैं सोचने लगी कि इस तरह का संगीतकार कैसे बनता था, अपनी कला के प्रति समर्पित कि बाहरी दुनिया से उसका कोई वास्ता ही नहीं रहता था।

अपनी कार्यक्रमों की 25वीं वर्षगांठ मनाते हुए: अपनी शिष्या पूनम लाल के घर पर अन्य शिष्यों के साथ वसीफुद्दीन।

'आखिरकार मैंने हिम्मत जुटा कर उन पर फिल्म बनाने की इजाजत ले ही ली, न केवल उनके संगीत पर, बल्कि उनके जीवन पर भी। मुझे यह बात बहुत मोहित करती थी कि इस उत्तम संगीत की जीवन में इतनी भागीदारी थी। वे व्यावहारिक समस्याओं से निपटते थे; अपनी कला के पोषण में वे इन समस्याओं से बचा नहीं करते थे। उनके लिए कुछ भी अलग नहीं था; जिंदगी एक थी, संगीत, जीवन जीना, जीवन जीने की प्रक्रिया। इसी वजह से मैंने एक ऐसी फिल्म बनाने को सोचा जो कि न केवल संगीत के बारे में थी, वह उनके रोजमर्रा के जीवन और उसमें संगीत के स्थान के बारे में भी थी। चूंकि मैं संगीतज्ञ नहीं हूँ, संगीत को समझाने की बजाय, मैं चाहती थी कि मेरे दर्शक इस अद्‌भुत परिवार के साथ एक क्षण जियें। संगीत परम्पराओं के बारे में जानकारी बहुत जगह मिल जाती है, मैं एक जीवंत अनुभव

ऊपर: *तत्कालीन भारतीय राष्ट्रपति, डॉ. ज़ाकिर हुसैन से पद्म भूषण प्राप्त करते हुए रहीमुद्दीन, 1969*

नीचे: *राजस्थान संगीत नाटक अकादमी से फेलोशिप प्राप्त करते हुए सईदुद्दीन, जोधपुर, 2007*

ऊपर: *तत्कालीन भारतीय राष्ट्रपति, श्री के. आर. नारायणन वसीफुद्दीन को सम्मानित करते हुए, नई दिल्ली, 1999*

बीच में: *तत्कालीन भारतीय राष्ट्रपति, डॉ. ए. पी. जे. अब्दुल कलाम के साथ वसीफुद्दीन, नई दिल्ली, 2007*

नीचे: *तत्कालीन भारतीय राष्ट्रपति, श्रीमती प्रतिभा पाटिल से पद्म श्री प्राप्त करते हुए, नई दिल्ली, 2010*

बाएँ से दाएँ: *डागर सप्तक में सईदुद्दीन, ज़हीरुद्दीन, फहीमुद्दीन, अमीनुद्दीन, मोहिउद्दीन, फरीदुद्दीन और फैयाज़ुद्दीन, हुमायूं का मकबरा, नई दिल्ली, 1985*

बनाना चाहती थी, इस परिवार के साथ एक भावनात्मक भेंट और मेरा विश्वास है कि इससे लोगों में इस परम्परा को जानने और इस प्रसिद्ध परिवार के बारे में और जानने की इच्छा जगेगी।'

डागरवाणी में, जो कि 52-मिनट की फ्रेंच टेलीविज़न के लिए बनाई गई फिल्म है, रेणुका ने डागर परिवार का एक पूरा दिन दिखाया है, ताकि ज़हीरुद्दीन और उनके भतीजे वसीफुद्दीन का रोजमर्रा का जीवन देखा जा सके। 'जब मैं डागर परिवार को फिल्मा रही थी, मुझे बराबर इस बात का एहसास रहता था कि हम कितने सौभाग्यशाली थे कि हम उनके साथ यह सब साझा कर पा रहे थे। पूरी टीम ने करीब तीन हफ्ते उनके साथ बिताए, मैंने तो कुछ और ज्यादा। मुझे यह भी जिम्मेदारी लगती थी कि मैं उनकी कला और उनके साथ न्याय कर पाऊँ। मुझे यह बात बहुत

छू गई कि कैसे उनके जीवन में सब कुछ संगीत और संगीतकारों की सुविधा के इर्द-गिर्द घूमता था। कई बार बामाजी और वसीफुद्दीन समारोह से 10-11 बजे रात तक लौटते थे और उन्हें और गाने की इच्छा होती थी। इसलिए सब इकट्ठा होकर सुनते थे। खाना पकाने का काम भी रोक दिया जाता था, क्योंकि उसकी आवाज से उन्हें व्यवधान होता और किसी को फर्क नहीं पड़ता था कि सुबह 3 या 4 बजे खाना परोसा जाता और सब सूरज उगने के साथ सोने जाते।

'बामाजी अपना ज्यादातर समय वसीफुद्दीन के साथ कमरे में अकेले बिताते थे, गाते, मनन करते, पढ़ते। लेकिन साथ ही वे परिवार की गतिविधियों में भी शामिल रहते और अपने भतीजे-भतीजियों के साथ स्नेहपूर्ण व्यवहार करते। वे अपनी तरह के कठोर व्यक्ति थे, लेकिन मेरा मानना है कि यह कठोरता अपनी कला और विश्वास के प्रति प्रतिबद्धता की वजह से थी; वसीफुद्दीन में भी यही गुण हैं। शेष परिवार की ही तरह ही मुझे भी पता था कि हमारा व्यवहार महत्वपूर्ण था। यह कभी-कभी तनावपूर्ण हो जाता था, क्योंकि मैं एक विदेशी टीम के साथ काम कर रही थी और हम सबके व्यवहार के लिए जिम्मेदार थी। जिस-जिस ने भी *डागरवाणी* पर काम किया, पूरे परिवार का स्नेह व गर्मजोशी हम सबके साथ आजीवन रहेगा।'

डागर परिवार के साथ एक अकस्मात भेंट में भी कोई भी अछूता नहीं रहेगा.. उनका प्रत्येक व्यक्ति पर ऐसा प्रभाव था। आदर्श इसीसे बनते हैं। उनका संगीत मंत्रमुग्ध करता है; उनकी मोहकता और विनम्रता आकर्षित करती है; ध्रुपद के मार्मिक स्वर इन्द्रियों को तृप्त करते हैं।

सामने का पृष्ठ:
पूनम लाल के घर पर अपने सुलेख के साथ सोच में डूबे हुए वसीफुद्दीन।

अनुक्रमणिका